CAHIER D'EXERCICES ET DE LABORATOIRE

basic conversational FRENCH

eighth edition

CAHIER D'EXERCICES ET DE LABORATOIRE

basic conversational FRENCH

eighth edition

Julian Harris
University of Wisconsin

André Lévêque
late of University of Wisconsin

revised by

Constance Knop
University of Wisconsin

prepared by

Véronique de la Poterie
University of Wisconsin

Holt, Rinehart and Winston

New York Chicago San Francisco Philadelphia
Montreal Toronto London Sydney
Tokyo Mexico City Rio de Janeiro Madrid

ISBN 0-03-004364-6

Address correspondence to:
383 Madison Avenue
New York, N.Y. 10017

Printed in the United States of America
Published simultaneously in Canada

7 8 9 0 1 039 9 8 7 6 5 4 3 2

Holt, Rinehart and Winston
The Dryden Press
Saunders College Publishing

PRÉFACE

Learning French means learning to use the language—that is, acquiring the ability to understand native speakers of the language, to express oneself comprehensibly in it, and, for adults who are literate, to read and write in French. No one has ever found a way to acquire these skills without a lot of practice. The exercises in this laboratory manual and on the tapes are specifically designed to give you practice in these skills. It is not a matter of automatically going through exercises; you must make a conscious effort to understand each phrase that is used in French. This is very different from trying to learn and remember the English equivalent of French words and trying to figure out in English the meaning of French texts.

Of course it would be a simple matter to memorize all the words of the first few dialogues, but the law of diminishing returns begins very soon to work against you because (1) your temporary memory has a limited capacity, and (2) each new dialogue introduces words and structures that can be combined to make dozens or even hundreds of new phrases. Do not imagine that if you could memorize all the words, structures, verb forms, rules, and exceptions to rules, you would be able to understand and use the language. You would not, for in normal use of the language, you would not have time to perform the miracle of mental permutations and combinations that would be required. As a matter of fact, even after years of effort, language experts have not succeeded in making computers, whose memories are practically infinite, work out a decent translation from one language to another.

You must learn to use normal phrases in normal contexts so well that you will eventually be able to say what you want to say without having to figure out how to say it. If you make the effort to understand every phrase that is uttered by the voices on the tapes and to react to them in French, you will soon reach a point at which you can use authentic patterns of French without any conscious effort—just as you do in speaking English.

The particular advantage of the taped lessons is that you practice with the help of native French speakers to whom you listen, whom you imitate, who ask you questions in French, give you time to answer, and always give you the correct answer so that you know at all times whether your answers are right or wrong and so that you can repeat the correct response.

The tapes contain a variety of activities. As French has an entirely different "accent" from English, it is necessary from the beginning to listen carefully and to try hard to imitate the way the French voices utter each phrase, word, or sound. You must listen attentively not only to the French voices, but to your own recorded responses; by comparing the two, you can gradually approximate the pronunciation and intonation of the French speakers.

The exercises are constructed in such a way that you can do them correctly with a minimum of effort. They may even seem too easy to you. But do not be misled; while they seem rather innocent, they are not so simple as you may think.

For example on the first day when your instructor or the voice on that tape says: *"Dites bonjour à quelqu'un"* (Say Hi to someone), all you have to say is simply *"Bonjour"* or *"Bonjour, monsieur."* But in order to make this obvious response, you must (1) listen to the French phrase; (2) hear it accurately; (3) understand in French what it means; and (4) react to it correctly in French by (a) preparing to say *"Bonjour,"* (b) saying it as much like the model as you can, and (c) thinking in French what *"Bonjour"* means. On the first day of the course you are beginning to think in French (!), to use French phrases. This is very different from absent-mindedly repeating *"Bonjour"* three (or fifty) times, or memorizing a phrase in which it occurs, or learning that *"Bonjour"* means good day—which it doesn't. (It means Good morning, Good afternoon, Hello, Howdy, or Hi—depending upon the occasion.)

In most courses, you naturally concentrate your attention on understanding what is new and difficult, but in learning a foreign language, it is all new and difficult, however obvious it may seem at first glance. It is just as difficult to say *"Bonjour, monsieur"* as it is to use irregular verb forms in phrases such as *"Comment allez-vous?"* or *"Je n'en sais rien."* So, even though the exercises are easy to do, don't forget that simple little phrases are actually basic elements of the French language and that they are the foundation upon which a mastery of French must be built. Language is something you do. Remember that every time you learn to understand and use a French phrase, you are making progress toward a mastery of the language. If you learn to use the phrases of each Conversation as you proceed, learning French will be an interesting, even a delightful experience. If, on the other hand, you try to negotiate the course just by cramming for exams and quizzes, you will find, as many others have found, that even if you pass the course, you still will be unable to use the language.

There are two types of lessons on the tapes: those based on Conversation Chapters and those based on Grammar Units.

The lessons based on Conversation Chapters. In the first exercise of these lessons, you work on the dialogue. You listen to it and try to understand it, then you play one of the roles. You work on certain sounds and phrases. You ask and answer questions in French. Beginning with the second conversation, you learn to do substitution exercises. As the lessons continue, they become more and more sophisticated; you couldn't possibly do the lessons of Conversation 10 or even of Conversation 5 without having practiced those of the lessons that precede them. And conversely, if you look back at Conversation 3 when you reach Conversation 10, you will wonder how it could have seemed difficult when you first confronted it. Indeed, whenever a unit seems a bit difficult, a glance at earlier lessons that now look easy will show you that you are really learning fast and that you are on the right track.

The lessons based on Grammar Units. In these lessons, the first exercise is a substitution exercise—a sort of warm-up exercise. You take a sentence you have learned and substitute different nouns, verbs, or adjectives for those in the original sentence. The rest of these lessons is make up of *exercices d'application,* which give you a chance to apply the rules of grammar.

Every lesson has questions in French that are to be answered in French. For all exercises, except substitutions and those requiring a written response, the correct answer is supplied so you can repeat it after the speaker. This will provide you with the opportunity of checking your response and your pronunciation. An example is provided for most exercises in order to facilitate your task.

It is our hope that you will find the laboratory program rewarding, and the experience of learning French enjoyable.

TABLE DES MATIÈRES

CAHIER D'EXERCICES

MANUEL DE LABORATOIRE

CAHIER D'EXERCICES ET DE LABORATOIRE

basic conversational FRENCH

eighth edition

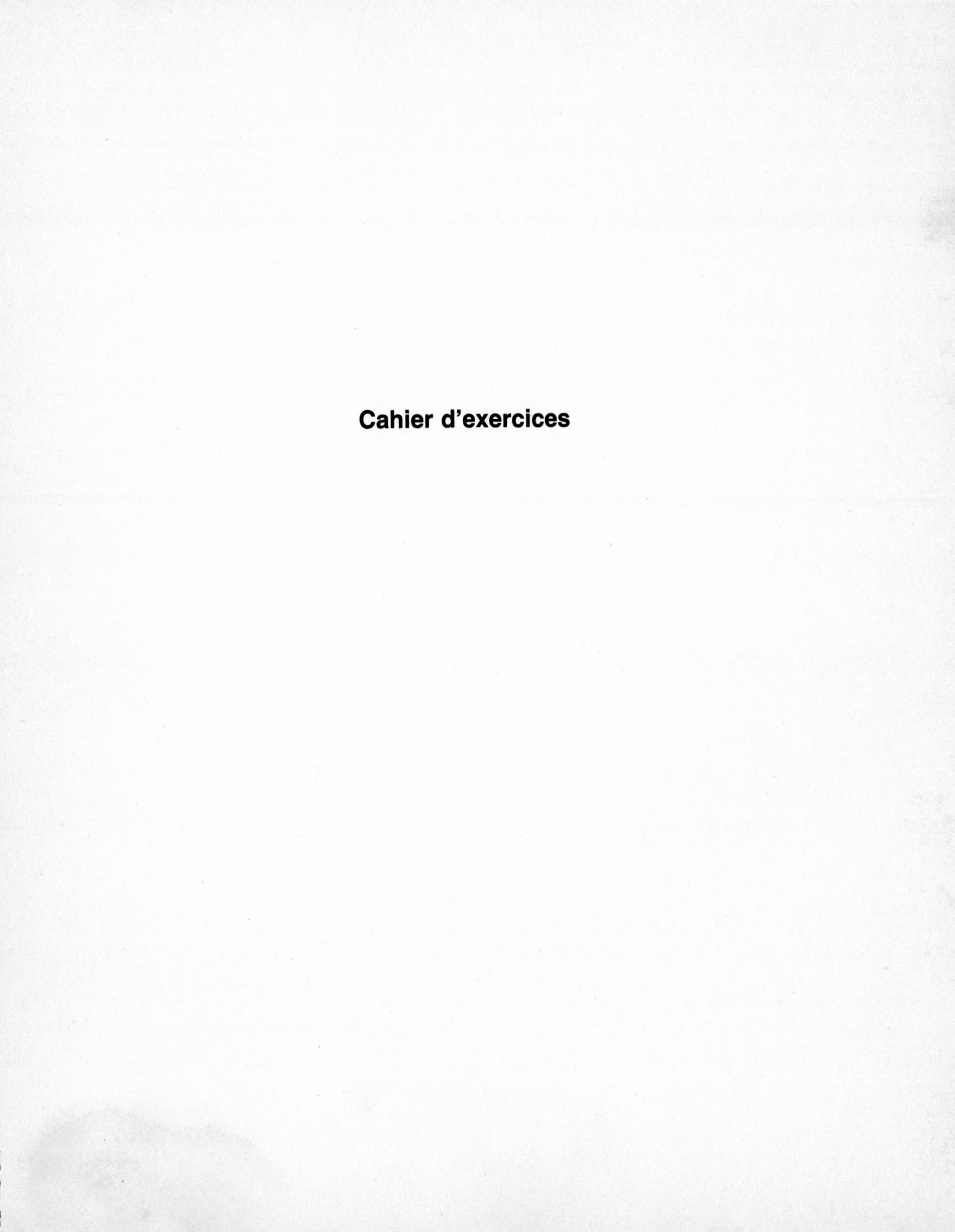

Cahier d'exercices

NOM Edward W. Tuttle CLASSE ______ DATE 9-26-89

CONVERSATION 1

Première rencontre

I. Match items from the left column with those in the right one.

1. Bonjour, madame.
2. Comment allez-vous?
3. Vous êtes la concierge?
4. Je parle bien anglais. Et vous?
5. Au revoir.

3 a. Oui, mademoiselle. Et voici une lettre pour vous.

5 b. Bonne journée.

4 c. Oh, moi, mademoiselle, je parle français, c'est tout.

2 d. Pas mal, merci.

1 e. Bonjour, mademoiselle.

II. Complete the following dialogue logically.

EXEMPLE Vous *êtes* bien Madame Richard?

1. Oui, je suis bien Madame Richard.
2. Comment allez -vous, Madame?
3. Je suis bien, merci. Et vous-même?
4. Vous parlez anglais?
5. Non, mais je parle un peu français.
6. Et voici une lettre pour vous.
7. Merci, Au revoir, madame.
8. Bonne journée .

III. Write out questions which correspond to the given answers.

EXEMPLE *Est-ce que vous parlez français?*

Oui, je parle bien français.

1. Comment allez-vous?

   Bien, merci.

2. Parlez-vous anglais?

   Oui, je parle bien anglais.

3. Vous êtes Mademoiselle Rolland?

   Oui, je suis bien Mademoiselle Rolland.

NOM ______________________ CLASSE ______________ DATE ______________

CONVERSATION 2

Les Renseignements

I. Identify items on the following map.

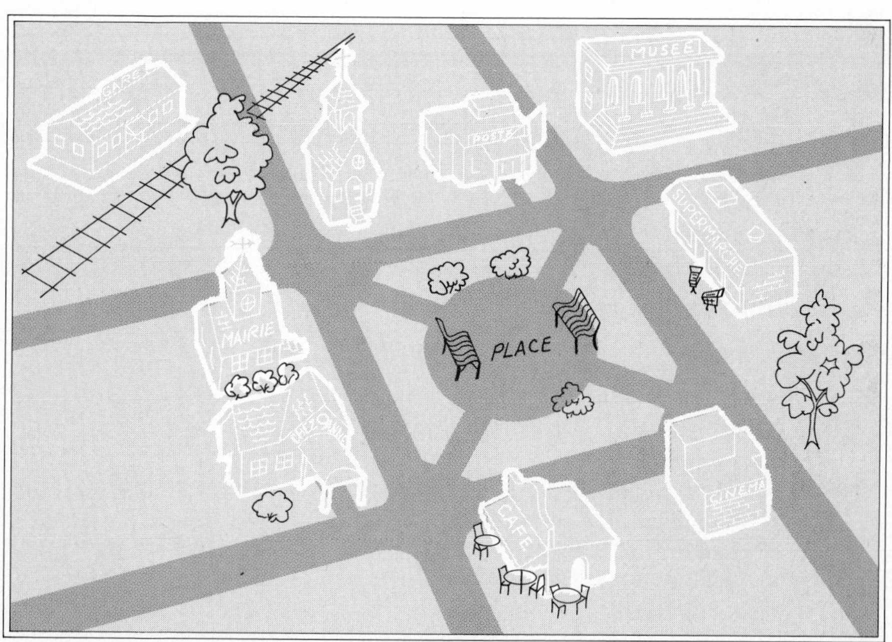

II. Look at the map above and give the location of the following buildings. Use a variety of expressions of location from your lists.

EXEMPLE Le musée est *en face de la mairie*.

1. L'église est ______________________________.

2. Il y a un café ______________________________.

3. La poste est ______________________________.

4. Il y a un restaurant ______________________________.

5. Le musée est ______________________________.

6. La mairie est ______________________________.

7. La gare est ______________________________.

8. ______________________________ la place.

III. Say how many of the following buildings there are in your city or town (maximum 10).

EXEMPLE (restaurant français?) *Il y a deux restaurants français.*

1. (temple protestant?) ______________________________
2. (église catholique?) ______________________________
3. (cinéma?) ______________________________
4. (supermarché?) ______________________________
5. (gare?) ______________________________
6. (aéroport?) ______________________________

IV. Write out the questions which correspond to the given answers.

EXEMPLE *Est-ce que le restaurant est dans l'aéroport?*
Oui, le restaurant est dans l'aéroport.

1. ______________________________
   Le cinéma est là-bas, à droite.
2. ______________________________
   Oui, il y a un café en face de la mairie.
3. ______________________________
   Oui, l'église est près d'ici.
4. ______________________________
   Le bureau de tabac est sur la place.
5. ______________________________
   Oui, il y a un musée dans le château.

CONVERSATION 3
À la recherche d'un hôtel

I. Match items from the right colum with the one in the left one.

1. Où est la poste?
2. Y a-t-il un bon restaurant près d'ici?
3. Quel est le prix du petit déjeuner?
4. Est-ce que la pension est complète?
5. C'est dans les environs?
6. C'est un bon hôtel?
7. Comment allez-vous?

a. Oui, il a une bonne réputation.
b. Oui, tous les repas sont compris.
c. Non, mais il y a un café sur la place.
d. Bien, merci.
e. Oui, ce n'est pas loin d'ici.
f. Là-bas, à droite.
g. À partir de 15F.

II. Complete the following sentences logically.

1. C'est près d'ici? Non, c'est __________________________ d'ici.
2. Les trois repas sont: le __________________________,
   le __________________________, et le __________________________.
3. Le __________________________ de la pension est 300F.
4. C'est un bon restaurant; il a une bonne __________________________.
5. Le dîner est __________________________ dans la pension. C'est une
   pension __________________________, monsieur.

III. Ask questions which correspond to the given answers.

1. ______________________________

   Non, ce n'est pas loin d'ici.

2. ______________________________

   Oui, la cuisine est bonne.

3. ______________________________

   Oui, il y a un cinéma en face de la mairie.

4. ______________________________ *du petit déjeuner?*

   À partir de 20F.

5. ______________________________

   L'hôtel est dans la rue de la gare.

NOM ______________________________ CLASSE ______________ DATE ________________

CONVERSATION 4

Retour à Paris

I. Match items from the left column with those in the right one.

1.	Quelle heure est-il?	a.	Pas mal, et vous?
2.	Est-ce que le bureau de tabac est ouvert cet après-midi?	b.	À 9h20. Le film est à 9h30 n'est-ce pas?
3.	À quelle heure allez-vous au cinéma?	c.	Il est 7h15.
4.	Comment ça va?	d.	Non, pas encore.
5.	Est-ce que le dîner est prêt?	e.	Oui, madame, jusqu'à 8h du soir.

II. Complete the following sentences logically.

1. Ça ____________________ bien.
2. Le dîner est ____________________ à 8h.
3. Le train pour Lyon arrive à six ____________________.
4. À quelle heure ____________________-vous à la gare?
5. Le restaurant est ____________________ jusqu'à minuit.
6. Il arrive à une heure moins le ____________________.
7. Je ____________________ vais ____________________ à la gare à pied. Je vais à la gare en ____________________.

III. Put the following sentences in the negative.

EXEMPLE Je parle français. *Je ne parle pas français.*

1. Je vais déjeuner à midi.

____

2. C'est un bon restaurant.

____

3. La poste est ouverte à 7h.

____

4. Le petit déjeuner est prêt à 6h30.

____

5. Vous allez au café ce soir.

____

*IV. Make questions out of the following statements by placing **est-ce que** before each.*

EXEMPLE Le dîner est prêt. *Est-ce que le dîner est prêt?*

1. Le musée est dans le château.

____

2. Il y a un restaurant près du château.

____

3. Il y a un bon restaurant sur la place.

____

4. La poste est ouverte cet après-midi.

____

5. Il y a un train pour Paris cet après-midi.

____

V. Write out the time as shown in the example.

EXEMPLE 6h *Il est six heures.*

1. *8h* ______________________
2. *12h* ______________________
3. *3h15* ______________________
4. *9h30* ______________________
5. *4h45* ______________________

VI. Write out questions which correspond to the given answers. Use the familiar **tu** *form when necessary.*

EXEMPLE *Où vas-tu déjeuner?* Je vais déjeuner à la cantine.

1. ______________________
   Oui, je vais dîner à la maison ce soir.
2. ______________________
   Je vais dîner à 5h30.
3. ______________________
   Je vais au cinéma en bicyclette, en général.
4. ______________________
   Ça va bien, merci.
5. ______________________
   Il est trois heures et quart.

NOM ______________________________ CLASSE ______________ DATE ________________

GRAMMAR UNIT 1

Articles and prepositions with de and à

I. Fill in blanks in the left-hand column, using the appropriate form of the definite article **le, la, l'** *or* **les.** *In the right-hand column, use the appropriate form of the indefinite article* **un, une** *or* **des.**

EXEMPLE	*la* gare	*une* gare
	________ poste	________ poste
	________ hôtel	________ hôtel
	________ restaurant	________ restaurant
	________ étudiante	________ étudiante
	________ déjeuner	________ déjeuner
	________ place	________ place
	l église	UNE église
	LA pension	UNE pension PAWN - SLOW
	________ agent de police	UN. agent de police

II. Complete these sentences with
A. ***au, à la, à l'*** *or* ***aux.***

EXEMPLE Je vais *au* supermarché.

1. Je vais ____________________ poste.
2. Nous allons ____________________ café.

3. Allez-vous ________________ église?

4. Je parle ________________ concierge.

5. Tu parles ________________ étudiant.

B. ***du, de la, de l'*** *or* ***des.***

EXEMPLE Le prix *de la* pension.

1. Le prix ________________ repas.

2. La cuisine ________________ hôtel.

3. Le musée ________________ château.

4. C'est en face ________________ église.

5. C'est loin ________________ gare.

III. Translate the following sentences.

1. There is an airport in the vicinity.

____

2. What's the price of the meal?

____

3. I am going to eat lunch at the hotel's restaurant.

____

4. Breakfast is included in the room and board's price.

____

5. I am speaking to the railway station's employee.

____

NOM Edward W. Tuttle II CLASSE Fr. 7:20 p.m. DATE 10/31/81

CONVERSATION 5

À la préfecture de police✦

I. You are applying for a French visa. Answer the following questions.

1. Comment vous appelez-vous?

   Je m'appell Edward W. Tuttle II

2. Quelle est votre nationalité?

   Je suis Américain

3. Quelle est votre profession?

   Je suis comptable

4. Quelle est votre adresse?

   Mon adresse deux mille trente-trois rue Lincoln St. Evanston, IL

5. Où demeurent vos parents?

   Mon parents demeurent à Allentown, Pennsylvania

6. Où êtes-vous né(e)?

   Je suis né à Bayonne, New Jersey

7. Quel âge avez-vous?

   J'ai quarante-neuf

8. Avez-vous des parents en France?

   Non, je n'ai pas parents en France

II. Write the profession(s) which one could have in the following places.

EXEMPLE dans un hôtel *un hôtelier, une hôtelière*

1. dans un restaurant un garçon, un serveur, une serveuse

un infirmier, une infirmière

2. dans un hôpital un médecin, une femme médecin
3. dans une université le professeur
4. dans une préfecture de police l'employée
5. dans un immeuble un immobilier
6. dans la construction
7. dans un tribunal un avocat une avocate

*III. Draw your family tree. Start with yourself (**moi**). Use the list of family members from your text and use the possessive adjectives **mon, ma, mes**.*

NOM Edward W. Tuttle CLASSE ____________ DATE ____________

IV. Ask a friend the following questions using the informal form ***tu****.* Vous

1. son nom *(name)* ____________
2. son âge ____________
3. son adresse ____________
4. sa profession ou son occupation ____________
5. où il/elle est né(e) ____________
6. s'il/elle a des frères et des soeurs Avez-vous des frères et des soeurs

CONVERSATION 6

Le Déjeuner✦

I. Say what part of the meal the following dishes belong to.

EXEMPLE un gâteau *C'est un dessert.*

un bifteck frites ______________________

une glace ______________________

du pâté ______________________

un éclair au chocolat ______________________

des spaghettis ______________________

un cassoulet ______________________

II. Complete the following dialogue logically.

Alain: Il est ______________. C'est l'heure du dîner.

Sylvain: J'ai ______________. Allons au ______________ de la place.

Alain: ______________ Allons-y.

Dans le restaurant

Alain: Qu'est-ce que tu ______________ comme ______________?

Sylvain: Du paté. Et ______________?

Alain: Moi aussi. Et comme ______________?

Sylvain: Des raviolis.

Alain: Moi, je prends ________________.

Au serveur

Sylvain: Apportez-________________ ________________ pour nous deux,

________________ pour mon camarade et ________________ pour moi.

Le serveur: ________________ du vin?

Alain: D'accord. Tu veux du vin ________________ ou du vin ________________ Sylvain?

Sylvain: Je ________________ aime ________________ le vin. Apportez-moi

une bière, s'il vous ________________, monsieur.

Le serveur: Et comme ________________?

Sylvain: Moi, je veux une crème caramel. Et toi?

Alain: ________________, merci.

III. Using the definite articles ***le, la, l'*** *or* ***les****, write down 5 of your most favorite and 5 of your least favorite foods.*

J'aime ____

____

____

Mais, je déteste ____

____

____

IV. It's dinner time. You are in your favorite restaurant. Using expressions such as ***apportez-moi, je voudrais, je vais prendre, j'aime,*** *and* ***comme (hors d'oeuvre)****, order your meal.*

____

____

____

____

____

____

NOM ______________________ CLASSE ______________ DATE ______________

GRAMMAR UNIT 2

Nouns used in a partitive sense

I. Complete the following paragraph with the correct form of the definite article **le, la, l',** *or* **les.**

Pierre aime ______________ café noir, ______________ poulet, ______________ pain complet, ______________ bière, ______________ oeufs. Comme dessert, il adore ______________ gâteaux, ______________ fromage, ______________ glace. Mais, il n'aime

pas ______________ légumes, ______________ viande rouge, ______________ vin rosé, ______________ pâté, et ______________ chocolat. C'est bizarre, non?

II. Complete the following dialogue with one correct partitive article: **du, de la, de l'** *or* **des.**

Le serveur: Aujourd'hui, comme menu, nous avons ______________ soupe, ______________ salade, ______________ sanwichs avec ______________ pain complet, ______________ gâteau ou ______________ glace au chocolat.

Bernadette: Zut! Moi, je veux ______________ pâté, ______________ légumes, ______________ viande, ______________ fromage et café. Bon, allez, apportez-moi ______________ cassoulet!!!

III. Complete the following paragraph. Use partitive articles, definite articles or indefinite articles according to the rules.

Voilà ce que Christine aime manger (*eat*):

Le matin, elle prend ________________ oeuf, ________________ jambon, ________________ pain et ________________ café au lait. À midi, pour déjeuner, comme elle va à l'université, elle apporte ________________ sandwich (c'est rapide) et ________________ fruits. Elle aime plus particulièrement ________________ pêches et ________________ pommes. Le soir, si elle va au restaurant, elle prend ________________ spaghettis, ou ________________ pizza. Elle aime ________________ bière et ________________ vin avec son repas du soir. Si elle est à la maison, elle prépare ________________ bifteck frites et ________________ légumes. Comme boisson (*drink*), elle prend ________________ lait en général. Et vous?

IV. Write a short paragraph in which you say what you generally eat for each meal, and what sort of food you like or dislike. Use the preceding exercise as a guide.

____

____

____

____

____

____

____

____

____

____

____

NOM ____________________ CLASSE ____________ DATE ____________

CONVERSATION 7

Voyage à Rouen✦

I. Reread the dialogue between Jean and Roger in your text. Then read the following statements. Circle **vrai** *if the statement is true,* **faux** *if the statement is false. If it is false, correct it.*

1. C'est aujourd'hui le quinze octobre. vrai - faux

   faux
   ____

2. Jean va passer huit jours à Marseille. vrai - faux

   quinze faux
   ____

3. Il compte y aller à la fin octobre. vrai - faux

   faux
   ____

4. Roger a des amis à Rouen. vrai - faux

   vrai
   ____

5. Roger veut aller chez ses amis et passer une semaine avec eux (*them*). vrai - faux

   faux
   ____

6. Il propose à Jean d'aller à Rouen avec lui, mais Jean n'est pas libre et refuse. / accepte vrai - faux

   faux
   ____

7. Roger va partir en train à six heures vendredi matin. vrai - faux

   lundi soir faux
   ____

*II. Write out the dates as shown (**note** that the first number is for the day and the second is for the month).*

EXEMPLE 3/5 *le trois mai*

1. 7/8 ______________________________
2. 16/2 ______________________________
3. 12/1 ______________________________
4. 20/7 ______________________________
5. 1/10 ______________________________
6. 14/4 ______________________________

III. Answer the following questions.

1. Quel est le premier jour de la semaine? ______________________
2. Quel est le deuxième jour de la semaine? ______________________
3. Quel est le cinquième jour de la semaine? ______________________
4. Quels sont les jours du week-end? ______________________
5. Quel est le troisième mois de l'année? ______________________
6. Quel est le neuvième mois de l'année? ______________________
7. Quelle est la date d'aujourd'hui? ______________________

IV. Complete the following paragraph logically.

Aujourd'hui, c'est le ______________________. Ce soir, je ____________ ____________ libre, alors je ______________________ aller au cinéma avec des ______________________. Je vais dîner à ______________________. Le film commence à sept heures.

À la fin de la ______________________, j'ai ______________________ d'aller en train ______________________ mes parents à Marseille. Je ____________ ____________ que le train ______________________ vendredi ____________ ____________ à 18h40. Je compte ______________________ dimanche après-midi. Veux-tu ______________________ avec moi?

NOM ______________________ CLASSE ______________ DATE ______________

GRAMMAR UNIT 3

Present indicative of être *and* avoir*; first conjugation verbs: regular*

I. Fill in the blanks with the appropriate form of **avoir** *and* **être**.

AVOIR	ÊTRE
Nous ________ faim.	Nous ________ américains.
J'________ un ami russe.	Je ________ libre ce soir.
Ils ________ trois frères.	Elles ________ deux soeurs.
Vous ________ vingt ans.	Vous ________ étudiant.
Tu ________ une voiture.	Tu ________ riche.
Quel âge ________ Luc?	La poste ________ ouverte.

Je (J') ______________ 22 ans et je (j') ______________ étudiant. Je (J') ______________ des parents (un couple) en California. Ils ______________ américans. Elle, elle ______________ 45 ans, et lui, il ______________ 44 ans. Ils ______________ deux enfants, Michelle et Marc. Michelle ______________ étudiante en chimie. Elle ______________ l'intention d'aller en France bientôt. Marc et moi, nous ______________ de bons copains. Nous ______________ l'intention de visiter L'Europe en juillet. Et toi, quel âge ______________-tu? Est-ce que tu ______________ étudiant(e) aussi? Tu ______________ l'intention de voyager en peu?

II. Complete the following sentences with the appropriate form of the verbs in parentheses.

1. (aimer) Je (J') ____________________ beaucoup le café.
2. (déjeuner) Est-ce que tu ____________________ au restaurant ce soir?
3. (apporter) La serveuse ____________________ du gâteau.
4. (étudier) Nous ____________________ le français.
5. (habiter) Où ____________________-vous?
6. (arriver) Mes amies ____________________ en train.
7. (compter) Je (J') ____________________ partir à 7h.
8. (s'appeler) Comment est-ce que tu t'____________________?
9. (dîner) À quelle heure ____________________-nous?
10. (acheter) Francine ____________________ son dîner.

III. Complete these sentences logically.

1. Ce soir je (j') ____________________ au restaurant.
2. Quelle âge ____________________-tu?
3. Midi! Je (J') ____________________ faim.
4. Tu ____________________ français, n'est-ce pas?
5. Nous ____________________ à Paris.
6. Les étudiants ____________________ dans la classe.
7. Ils s'____________________ Vincent et Jacques.
8. Qu'est-ce qu'elle ____________________ au bureau de tabac? Des cigarettes?

NOM ______________________ CLASSE ____________ DATE ____________

IV. Using the following verbs, write a paragraph of about 50 words in which you talk about yourself and the members of your family.

avoir être habiter s'appeler aimer déjeuner dîner compter parler demander arriver acheter étudier

____

____

____

____

____

____

____

____

____

____

____

CONVERSATION 8

Au bureau de tabac✦

I. Reread the dialogue between Roger, Jean and Madame Cochet in your text. Then answer the following questions.

1. Où est-ce que Jean va? Où va Jean?
   Jean va au bureau de tabac
2. Qu'est-ce qu'il achète?
   Il achète Le Figaro
3. Qu'est-ce que c'est ‹‹le Figaro››? Qu'est-ce que c'est que Le Figaro?
   C'est
4. Est-ce que Jean achète une revue américaine? Pourquoi pas (*why not*)?
   Non n'achète pas revue américaine parce que
5. Combien coûte le Figaro? Et le plan de Paris?
   Le Figaro coûte quar
6. Qu'est-ce que Mme Couchet pense de ce plan?
   Il est très util, Mome
7. Est-ce qu'elle a la monnaie de 100 francs?
   elle crois que oui

II. Change the following statements using a pronoun (**le, la** *or* **les**) *in place of the noun.*

EXEMPLE Voilà le Figaro. *Le voilà.*

1. Voilà les journaux. ______________________.
2. Voilà le plan de Paris. ______________________.
3. Voilà la carte. ______________________.
4. Voilà la monnaie. ______________________.
5. Voilà le New York Times. ______________________.
6. Voilà l'agent de police. ______________________.
7. Voilà ma soeur. ______________________.
8. Voilà mes amis américains. ______________________.

III. Complete the story of Martine.

Martine va à la ______________ pour acheter le ______________ Le Figaro, la ______________ Time et un ______________ de Marseille, très utile pour une touriste. Le Figaro ______________ cinq francs et le Time, vingt francs. Elle ______________ à l'employé un ______________ de cinquante francs. ______________ coûte le ______________ de Marseille? ______________ francs, n'est-ce pas?

NOM ______________________ CLASSE ______________ DATE ______________

IV. Write out questions which correspond to the given answers.

1. A quelle heure allez-vous dîner?
   Je vais dîner à 8h.
2. Où allez-vous dîner?
   Je vais dîner <u>Chez</u> <u>Michel</u>, un restaurant français.
3. Est-ce que c'est un bon restaurant?
   Oui, c'est un très bon restaurant.
4. Combien coûte le menu du soir?
   Le menu du soir coûte 120F.
5. A quelle heure le restaurant est-il ouvert?
   Le restaurant est ouvert à 7h30.
6. Quelle heure est-il?
   Il est 6h30.

V. Review: Answer the following questions.

1. Quelle heure est-il?
   Il est
2. Nous sommes aujourd'hui dimanche, non?
   Non, sommes ne pas aujourd'hui mardi
3. Alors (*Then*), quel jour sommes-nous?
   ____
4. ~~C'est~~ quel mois de l'année? est-ce?
   C'est de

NOM ____________________ CLASSE ______________ DATE ______________

GRAMMAR UNIT 4

Numbers

I. Give the age of 6 different members of your family or friends.

EXEMPLE *Mon frère Tom a seize ans.*

1. j'ai quarante neuf ans
2. mon frère Richard a quarante-huit ans
3. mon mère a soixante et onze ans.
4. mon père a soixante-quinze ans
5. mon tante a soixante-dix-huit ans
6. mon oncle a soixante-dix

II. Write (approximately) how much your or your parents' things cost.

EXEMPLE la voiture

Ma voiture coûte mille cinq cents dollars.
or

La voiture de mes parents coûte six mille dollars.

1. la voiture

La voiture de mes parents coûte huit mille dollars

2. la bicyclette

La bicyclette de mes parents coûte cent cinquante dollars

3. la maison

____

4. la revue favorite

____

5. les chaussures (*shoes*)

____

6. le livre de français

____

7. le cahier d'exercices et de laboratoire

____

III. Write out the following time. Follow the example.

EXEMPLE 13h *une heure de l'après-midi*

1. 17h30 ____
2. 12h15 ____
3. 9h45 ____
4. 20h10 ____
5. 18h40 ____
6. 14h13 ____
7. 2h27 ____
8. 24h05 ____

IV. Complete the following sentences according to the information given.

1. Quel est le ______________ jour de la semaine? Vendredi.
2. Quel est le ______________ jour de la semaine? Mardi.
3. Quel est le ______________ mois de l'année? Mars.
4. Quel est le ______________ mois de l'année? Décembre.
5. Le ______________ (1er) mai est de la fête du travail.

NOM ______________________ CLASSE ______________ DATE ______________

V. Answer the following questions.

1. Quel jour sommes-nous aujourd'hui?

   (Aujourd'hui est mardi) C'est mardi

2. Quelle est la date de votre anniversaire?

   C'est le quart janvier

3. Quelle est la date de l'anniversaire de votre père?

   Ce le vingt-cinq mai

4. En quelle année est née votre grand-mère?

   Elle année an mille-neuf-cent un

5. Quelles sont les dates de la deuxième guerre mondiale?

   De dix-neuf cent quante-un de dix-neuf

6. Quelle est la date de la prise de la Bastille? (14-7-1789)

   Quatorze juillet dix-sept-cent-quatre-vingt-neuf

7. Quelle est la date de la Déclaration de l'indépendance américaine?

   1776 Dix-sept cent soixante-dix-sept.

NOM ______________________________ CLASSE ______________ DATE ______________

CONVERSATION 9

Une Interro✦ sur l'histoire de France

I. Answer the following questions according to the dialogue in your text.

1. Quelles sont les figures historiques de l'histoire de France que Jean connaît?

   ____

2. Qu'est-ce qu'il sait de Jeanne d'Arc?

   ____

3. Où est né Napoléon? À quel siècle?

   ____

4. En quelle année est-ce que Louis XIV est mort?

   ____

5. Est-ce que vous savez la date de la prise de la Bastille?

   ____

6. Est-ce que Jean est content de parler avec Marie? Pourquoi?

   ____

II. Complete the following sentences with **savoir** *or* **connaître***.*

1. Je ______________________ que vous allez au labo régulièrement.
2. ______________________ -tu parler espagnol?
3. Vous ______________________ bien l'histoire de l'Amérique du Nord.
4. Nous ______________________ danser le rock.
5. Mathieu ______________________ bien la musique classique.

6. ____-tu Paris?

7. Moi, je ________________________________bien l'Europe.

8. Mes parents ____________________________bien faire la cuisine.

III. Write out questions which correspond to the given answers.

1. ____

   Oui, je connais bien la cuisine italienne.

2. ____

   Je suis né en 1968.

3. ____

   Il est né en Corse.

4. ____

   Le Président Kennedy est mort en 1963.

5. ____

   Oui, je sais qu'il est mort à Dallas.

IV. Complete the following paragraph logically.

Je ____________________ un ____________________ de choses. Je ____________________ bien l'histoire de la France. Je ____________________ où Jeanne d'Arc est ____________________ (à Rouen), où Napoléon est ____________________ (en Corse), à quel ____________________ (le dix-huitième). J'ai une bonne ____________________, n'est-ce pas? Pourquoi ____________________ je sais tout? ____________________ l'histoire est ma spécialité. Et vous? quelle est ____________________ spécialité?

NOM ______________________ CLASSE ______________ DATE ______________

CONVERSATION 10

Bavardage

I. Fill in the blanks with **c'est** *or* **il/elle est**.

1. ______________________ ingénieur.
2. ______________________ hôtelière.
3. ______________________ une petite fille.
4. ______________________ un bon déjeuner.
5. ______________________ une étudiante.
6. ______________________ un grand jeune homme brun.
7. ______________________ chanteur.
8. ______________________ une actrice connue. famous actress
9. ______________________ une jolie Américaine.
10. ______________________ concierge.

II. Reread the dialogue in your text and answer the following questions.

1. Est-ce que Jean connaît Louise Bedel?

   ____

2. Où et quand a-t-il fait sa connaissance?

   ____

3. Comment est-elle physiquement *(What does she look like)?*

   ____

4. Qu'est-ce qu'elle sait faire?

____

5. Qu'est-ce qu'elle vient d'annoncer?

____

6. Avec qui est-ce qu'elle va se marier?

Avec qui va-t-elle se marier

7. Qui est Charles?

____

III. Rewrite the following paragraph, changing the subject. Make all the necessary changes.

Marie est française. C'est une grande jeune fille blonde avec des yeux bleus. Elle est jolie et gentille. C'est une actrice et une chanteuse professionnelle, elle est donc *(therefore)* très musicienne.

Charles ______________________________

NOM ______________________ CLASSE ______________ DATE ______________

IV. Complete the following dialogue logically.

CATHERINE: Samedi ______________, j'ai fait la ______________ ______________ d'un ______________ génial ______________ une amie. Il a 25 ______________, il est ______________, il ______________ les cheveux ______________, des ______________ ______________ bleus et il ______________ du piano (il adore la musique ______________). Il aime le sport aussi et il ______________ au football. Il ______________ de me téléphoner pour m'inviter à ______________.

s'appelle-t-il

BERNADETTE: Comment est~~'ce-qu'il~~ ______________?

CATHERINE: Christian Chardiner.

BERNADETTE: Ah! Mais je connais. ______________ très bien Christian! Il vient d' ______________ son mariage avec mon ______________ Sylvie!

CATHERINE: Oh, non! Quelle chance (*How lucky*)!

IV. Using 4 or 5 adjectives, describe 3 people you know well, as Catherine does in the above exercise. Also write about 2 or 3 activities that they like to do.

1. ____

____

____

2. ____

____

____

3. ____

____

____

NOM ________________________________ CLASSE ________________ DATE ____________________

GRAMMAR UNIT 5

Word order in asking questions

I. Change the following statements into questions using **est-ce que.**

1. Vous êtes en France.

   ____

2. Tu vas à la gare.

   ____

3. Elles ont trois frères.

   ____

4. C'est une petite jeune fille brune.

   ____

5. Charles va se marier.

   ____

II. Change the following statements into questions, using the inversion of the verb and the subject.

EXEMPLES Louise est à Paris.
Louise est-elle à Paris?
but Il va à l'aéroport en taxi.
Va-t-il à l'aéroport en taxi?

1. La poste est ouverte à 8h.

   ____

2. Lucien chante bien.

____

3. Elle est ingénieur-chimiste.

____

4. Tu as du talent.

____

5. Le dîner est prêt.

____

6. Vous voulez du vin.

____

7. Madame Cocher vend des revues françaises.

____

8. Les copains ont faim.

____

III. Complete the questions according to the information given in the answers. Use **est-ce que** *when necessary.*

1. _______________________________ habite ta famille?
Ma famille habite à Lyon.

2. _______________________________ ton père est né?
Mon père est né en août 1945.

3. _______________________________ vas-tu à l'université?
En autobus.

4. _______________________________ tu arrives en classe?
À 8h30.

5. _______________________________ avez-vous?
Nous avons trois soeurs.

6. _______________________ un bon restaurant dans les environs?
Oui, il y a un bon restaurant sur la place.

7. ___________________________ les prix sont raisonnables?
Oui, les prix sont raisonnables.

8. _______________________________ allez-vous à Nice?
Parce que c'est les vacances!

NOM ______________________________ CLASSE ____________ DATE ______________

IV. You feel contrary today. Answer a question negatively if it's asked affirmatively and vice-versa.

EXEMPLES Tu as faim, n'est-ce pas?
Mais non, je n'ai pas faim.
Tu ne vas pas au cinéma ce soir, n'est-ce pas?
Mais si, je vais au cinéma ce soir!

1. Tu ne veux pas de café, n'est-ce pas?

____

2. Tu vas à la gare à 7h, n'est-ce pas?

____

3. Tu t'appelles Maurice, n'est-ce pas?

____

4. Il y a un restaurant algérien dans la ville, n'est-ce pas?

____

5. Tu n'aimes pas les légumes, n'est-ce pas?

____

6. Tu ne comptes pas partir en vacances, n'est-ce pas?

____

V. Ask a new acquaintance the following questions, using the **tu** *form.*

1. son nom

____

2. son âge

____

3. Comment il/ella va

____

4. son occupation ou sa profession

____

5. l'heure

____

6. où habite sa famille

____

7. combien de frères et soeurs il/elle a

8. ce qu'il/elle étudie

9. ce qu'il/elle aime faire le week-end

10. s'il/elle veut aller à la bibliothèque avec toi

IV. Talk about yourself. Answer the following questions.

1. Est-ce que tu joues de la guitare?

2. Est-ce que tu as les cheveux bruns?

3. Est-ce que tu as les yeux bleus?

4. Tu parles français?

5. Tu aimes parler français?

6. Tu as un frère?

7. Tu as vingt ans?

8. Est-ce que tu as faim?

9. Tu aimes étudier, n'est-ce pas?

NOM ______________________ CLASSE ______________ DATE ______________

CONVERSATION 11

Une Promenade

I. In 3 sentences, describe the weather in each drawing.

1. ____

____

____

2. ____

____

____

3. ____

____

____

II. First describe the weather in your state. Then say which kind of weather you prefer and why.

1. En décembre, ____

   ____

2. En mars, ____

   ____

3. En juillet, ____

   ____

4. En octobre, ____

   ____

5. J'aime quand il ____

   ____

   ____

III. Ask questions which correspond to the given answers.

1. ____

   Il fait beau aujourd'hui.

2. ____

   Non, au contraire, il fait chaud.

3. ____

   Non, ce n'est pas la peine. Il ne fait pas froid.

4. ____

   Non, il n'y a pas un nuage dans le ciel.

5. ____

   Nous sommes trempés parce qu'il pleut beaucoup.

6. ____

   Non, je n'ai pas soif, merci.

7. ____

   Non, au contraire. J'ai froid.

NOM ______________________ CLASSE ____________ DATE ____________

IV. Reread the dialogue in your text. Then answer the questions.

1. Qu'est-ce que Jean et Marie vont faire ensemble?

   ____

2. Quel temps fait-il?

   ____

3. D'après *(According to)* Jean, est-ce que le temps va changer?

   ____

4. Comment finit la promenade?

   ____

5. Est-ce que Marie a toujours *(still)* confiance en Jean?

   ____

V. Follow the example. Match items from the left column with those in the right one and write complete sentences.

faire chaud	avoir soif
faire très froid	falloir prendre un parapluie
faire mauvais	falloir prendre un manteau
être midi	avoir faim
pleuvoir	il y a des nuages dans le ciel
faire un temps formidable	être trempé jusqu'aux os
	vouloir faire une promenade
	vouloir faire un pique-nique

EXEMPLE *Il fait mauvais. Il faut prendre un parapluie.*

1. ____
2. ____
3. ____
4. ____

5. ____

6. ____

7. ____

NOM ______________________ CLASSE ______________ DATE ______________

CONVERSATION 12

Les Saisons✦

I. Relisez le dialogue dans votre livre, puis répondez aux questions suivantes.

1. MARIE: Est-ce qu'elle aime l'hiver? Pourquoi pas?

____

Quelle est sa saison préférée? Qu'est-ce qu'elle aime faire?

____

____

2. SUZANNE: D'après elle (according to her), quelle est la plus belle saison? Pourquoi?

____

____

II. Utilisez les mots suivants pour décrire ce que vous, vos amis et votre famille aimez faire pendant des temps différents.

aller à la campagne — faire du base-ball — faire de la voile — faire une promenade — faire du vélo — nager — prendre un bain de soleil — patiner — regarder la télé — écouter des disques au coin du feu

EXEMPLES (faire doux) *Quand il fait doux, je fais une promenade avec mon petit ami Sylvain et nous. . . .*

1. (faire froid) ____

____

____

2. (faire du soleil) ____________________

____

____

3. (pleuvoir) ____________________

____

____

4. (faire chaud) ____________________

____

____

III. A. Décrivez le temps qu'il fait dans votre état (state). Parlez des activités qu'on peut faire en employant **on peut** + *un infinitif.*

1. En hiver: ____________________

____

____

2. En automne: ____________________

____

____

3. En été: ____________________

____

____

4. Au printemps: ____________________

____

____

NOM ______________________________ CLASSE ______________ DATE ________________

B. Maintenant, écrivez un petit paragraphe de 30 mots où vous dites quelle saison vous préférez et pourquoi.

je prefere l'Hiver

NOM ______________________ CLASSE ______________ DATE ______________

GRAMMAR UNIT 6

Interrogative, demonstrative, and possessive adjectives

I. Complétez les questions suivantes avec la forme correcte de l'adjectif interrogatif **quel.**

1. ___Quel___ âge as-tu?
2. ___Quelle___ est ton adresse?
3. ___Quel___ jour sommes-nous?
4. ___Quels___ sont les jours de la semaine?
5. En ___Quelle___ saison sommes-nous?
6. ___Quels___ sont les mois de l'année?

II. Vous appelez une amie au téléphone pour l'inviter chez vous ce week-end. Posez-lui les questions suivantes pour mieux connaître ses goûts (taste). *Demandez-lui:*

1. ce qu'elle prend pour le petit déjeuner.

   Qu'est-ce que
2. ce qu'elle aime faire le matin.

   Qu'est-ce que veut vous comme Dîner
3. ce qu'elle veut dîner.

   ____
4. ce qu'elle veut faire samedi soir.

   ____
5. ce qu'elle aime regarder à la télé.

   Qu'est-ce vous aime regarder a la télé

III. **Qu'est-ce que** *or* **quel**? *Complétez les questions suivantes. Décidez si vous devez* (must) *utilisez le pronom interrogatif ou l'adjectif interrogatif (sous sa forme correcte).*

1. ____________________ est la date aujourd'hui?
2. ____________________ tu fais cet après-midi/
3. ____________________ tu aimes comme musique
4. ____________________ saisons est-ce que tu préfères?
5. Avec ____________________ amis aimes-tu faire des promenades?

IV. Marc a des opinions très fixes. Ici, il compare deux choses ou personnes similaires. Écrivez des phrases en suivant l'exemple.

EXEMPLE actrice (intelligente/amusante)

Cette actrice-ci est intelligente et cette actrice-là est amusante.

1. livre (intéressant/ennuyeux)
   ____
2. jeune fille (jolie/active)
   ____
3. acteur (génial/beau)
   ____
4. voiture (économique/grosse)
   ____
5. hôtel (confortable/meilleur)
   ____

NOM ______________________ CLASSE ____________ DATE ____________

V. A. Vous montrez des photos de la famille de Martine à un(e) ami(e). Dites qui sont les gens que vous montrez. Suivez l'exemple.

EXEMPLE (le père) *Voilà son père.*

1. (la mère) ______________________
2. (les grands-parents) ______________________
3. (les cousines) ______________________
4. (le fiancé) ______________________
5. (le frère) ______________________

B. Les photos que vous montrez maintenant sont les photos prises (taken) *le jour du mariage de Martine et de sa vie après ça. Vous parlez donc maintenant de Martine et de son mari ensemble, comme dans l'exemple.*

EXEMPLE (les parents) *Voilà leurs parents.*

1. (la voiture) ______________________
2. (la maison) ______________________
3. (l'ami américain) ______________________
4. (le mariage) ______________________

VI. Répondez aux questions suivantes.

1. Quel âge a votre père? et votre mère?

   ____

2. Où habitent vos parents?

   ____

3. Aimez-vous parler de politique avec vos amis?

   ____

4. Téléphonez-vous souvent à votre petit(e) ami(e)?

   ____

5. Est-ce que vous apportez vos livres en classe? et votre cahier?

   ____

NOM ______________ CLASSE ______________ DATE ______________

CONVERSATION 13

Faire les courses

*I. Décidez dans quel magasin de la colonne **B** on achète les produits de la colonne **A**.*

A	B
1. un steak	a. la papeterie
2. du jambon	b. la librairie
3. des livres	c. le kiosque
4. certains produits de beauté	d. la boucherie
5. du pain	e. la charcuterie
6. du fromage	f. la boulangerie
7. du papier à lettres	g. la pharmacie
8. le journal	h. la crémerie

II. Relisez le dialogue dans votre livre, puis répondez aux questions suivantes.

1. Qu'est-ce qu'il y a sur la liste de provisions de Jean?

____

2. Va-t-il au supermarché pour faire ses courses? Pourquoi pas?

____

3. Dans quels magasins va-t-il alors (*then*)?

____

III. Dites qui travaille dans les magasins suivants.

EXEMPLE la boucherie *le boucher ou la bouchère*

1. la pharmacie le pharmacien ou la pharmacienne
2. la boulangerie le boulanger ou la boulangère
3. la charcuterie le charcutier ou la charcutière
4. la librairie le/la libraire
5. l'épicerie l'épicien, l'épicière

IV. Avec un groupe d'amis américains, vous voulez faire un pique-nique au Bois de Boulogne. *Mais vous êtes le (la) seul(e)* (the only one) *qui sait où acheter les provisions. Faites une liste de 10 choses que vous allez acheter, puis envoyez* (send) *vos amis aux magasins appropriés. (Il n'y a pas de supermarché dans les environs.)*

EXEMPLE du jambon *Paul, va à la charcuterie près de l'église.*

Liste de provisions: à côté (de)

du jambon — Paul, va à la charcuterie près de l'église
du boeuf — Marie, va à la boucherie en face de la cinema
du papier à lettres — Jean, va à la papeterie
le poivre — Henri, va à la épicerie
le sel — Marie va à la épicerie
du fromage — Paul, va à la crémerie
du café — Marie, va a la café
du lait — Jean, va a la crémerie
du livres — Henri, va a la librairie
du médicaments — Marie, va a la pharmacie

NOM ______________________________ CLASSE ______________ DATE ________________

V. Répondez aux questions suivantes.

1. Faites-vous les courses tous les jours?

   je ne fais pas les courses une fois par semaine.

2. Où allez-vous acheter vos provisions?

   je vais acheter mon provisions au super marché

3. Bavardez-vous avec les marchands? Pourquoi?

   No Nous ne bavardons pas les marchands.

4. Avez-vous besoin de quelque chose pour votre dîner de ce soir?

   je ai besoin du gateau pour mon dinon de ce soir.

NOM ____________________ CLASSE ____________ DATE ____________

GRAMMAR UNIT 7

Descriptive adjectives

I. Voilà ce que Jules pense de lui-même (himself).

Je suis grand, beau, doux, actif, blond, jeune, sérieux, et heureux.

Nana pense qu'elle a toutes les qualités de Jules mais en mieux (better). *Récrivez le passage ci-dessus* (above) *en suivant le modèle. Attention aux accords* (agreements)*!*

Mais moi, je suis plus grande, . . . ______________________________

____

____

____ que Jules.

II. Complétez le paragraphe suivant avec les adjectifs de la liste. Attention à la place des adjectifs et aux accords!

(1) vieux — breton (2) joli — petit — blanc (3) grand (4) gros — américain — noir (5) bon — gros — maladroit — gentil (6) beau (7) bon — sympathique (8) meilleur

J'habite avec (1) un ______________ ami ______________ dans (2) une ______________ maison ______________ dans (3) la ______________ rue Royale ______________ J'ai (4) une ______________ voiture ______________ et j'ai (5) un

_____________ 5 ______ chien (*dog*) ________ 5 ____________ mais

_______ 5 __________. Nous habitons près (6) d'un _______ 3 ___________

château. Il y a beaucoup (7) de _________ 5 _________ restaurants ______ 5 __

__________ en ville mais *Chez Maurice* a (8) les _________ 8 ________ repas

de la ville.

III. Vous avez 35 ans et vous cherchez l'homme ou la femme de vos rêves (of your dreams). *Écrivez en 40 mots* (words) *une petite annonce* (ad) *dans le journal local où vous vous écrivez et où vous parlez de ce que vous aimez faire et de ce que vous possédez* (own). *Regardez l'Exercise* **II** *pour vous aider* (to help you). *Utilisez beaucoup d'adjectifs.*

J'ai 35 ans et je cherche la femme de mes rêves.
Je suis petit, grand, avec un voiture
nouveau. Je désiré un femme belle et
les cheveux blonds, les yeux bleus, et
des gens heureux

NOM ______________________ CLASSE ______________ DATE ______________

IV. Deux petites filles (Lucienne et Jacqueline) se disputent (argue with each other). *Elles pensent qu'elles sont supérieures à l'autre en tout* (in every way). *Récrivez chaque phrase en utilisant le superlatif, comme dans l'exemple.*

EXEMPLE Moi, je suis grande. *Mais moi, je suis plus grande que toi.*

1. Moi, j'habite dans une jolie maison.

   MAIS MOI J'HABITE DANS UNE très jolie MAISON.

2. Je suis très intelligente.

   mais mois le plus intelligente

3. J'ai un beau vélo.

   ____

4. Je parle bien anglais.

   ____

5. Je suis très brune.

   ____

6. J'ai un bon piano chez moi.

   ____

V. Comparez les personnes ou choses suivantes. Attention à l'accord des adjectifs.

EXEMPLE (deux étudiants dans votre classe / + / sérieux)
Marcel est plus sérieux que Jean.

1. (deux / films / – / intéressant)

   ____

2. (deux de vos amies / = / gentil)

   ____

3. (deux restaurants dans votre ville / + / bon)

   ____

4. (deux villes que vous connaissez / = / beau)

   ____

5. (votre père et votre mère / – / actif)

   ____

VI. Exprimez (Express) *vous préférences comme dans l'exemple.*

EXEMPLE la revue / intéressant

D'après moi, la revue la plus intéressante est ‹‹Scientific American.››

1. la saison — agréable

   ____

2. la femme américaine / célèbre

   ____

3. l'acteur /beau

   ____

4. la voiture / rapide

   ____

5. le plat / mauvais

   ____

6. la bière — bon

   ____

VII. Quel mot faut-il (should you) *utiliser ici:* **bon(ne), meilleur(e), bien** *ou* **mieux***?*

1. Je vais ____________, merci.
2. On mange ____________ ici que chez moi.
3. Tu parles ____________ français qu'elle.
4. C'est la ____________ actrice que je connaisse.
5. C'est mon ____________ copain.
6. Michelle est une ____________ étudiante.
7. Je joue ____________ au tennis. Et toi?
8. C'est un ____________ livre, n'est-ce pas?

NOM ______________________ CLASSE ______________ DATE ______________

CONVERSATION 14

Une Invitation

I. Relisez le dialogue dans votre livre, puis répondez aux questions suivantes.

1. Chez qui est-ce que Jean est invité?

   Il invité chez le Brown

2. Qui est ce monsieur? Est-il français?

   ____

3. Est-ce qu'il parle bien français? Et sa femme?

   ____

4. Que savez-vous de plus sur lui *(about him)*?

   ____

II. Complétez l'histoire (story) *de Daniel avec le vocabulaire de ce chapitre* (chapter).

Daniel est ______________ il travaille (*works)* pour le gouvernement. Ce soir il est invité à dîner ______________ son boss, M. Renoir. Après le dîner ils vont jouer au ______________. Daniel ne ______________ pas bien M. Renoir, mais il connaît un peu mieux sa ______________ parce qu'il a beaucoup parlé ______________ Mme Renoir à un pique-nique, une fois.

M. et Mme Renoir ______________________ dans une ______________________

maison. Elle ______________________ près du centre de la ville.

III. Étudiez la structure des phrases du dialogue dans votre livre, puis traduisez (translate) *les phrases suivantes.*

1. I came to Paris two or three months ago.

   ____

2. I saw him several times.

   ____

3. I met him at a friend's house.

   ____

4. She is an old friend of the family.

   ____

5. My house is located near the bank.

   ____

NOM ______________________ CLASSE ______________ DATE ______________

GRAMMAR UNIT 8

Passé composé *of* -er *verbs*

I. Complétez les phrases suivantes avec la forme correcte des verbes au **passé composé.**

1. (écouter) Nous ______________________ des disques hier soir.
2. (déjeuner) Est-ce que tu ______________________?
3. (travailler) Elles ______________________ très tard hier soir!
4. (regarder) Qu'est-ce que vous ______________________ comme programme à la télé hier?
5. (apporter) Bernard ______________________ des fleurs à sa mère.
6. (jouer) Je (J') ______________________ au bridge avec des copains, hier soir.
7. (parler) On ______________________ politique toute la soirée.
8. (payer) Oui ______________________ l'addition?

II. Thomas a manqué (missed) *le déjeuner avec Sylvie et ses amis hier. Écrivez les questions que Thomas a posées* (asked) *à Sylvie le lendemain* (the next day). *Attention aux réponses de Sylvie! Utilisez l'inversion verbe-sujet ou* **est-ce que.**

1. ____

   Oui, j'ai mangé en ville avec mes copains, hier.

2. ____

   Nous avons déjeuné au restaurant *Le Club*.

3. ____

Oui, Marc a payé l'addition, comme d'habitude.

4. ____

C'est moi qui ai laissé le pourboire.

5. ____

Non, ils sont arrivés en classe un peu en retard.

6. ____

Oui, on a joué au tennis une demi-heure avant le repas.

III. Posez les questions suivantes à vos camarades de classe au sujet de leur soirée d'hier. Utilisez la forme **vous**. *Demandez-leur:*

1. à quelle heure ils ont dîné hier soir.

____

2. ce qu'ils ont mangé.

____

3. s'ils ont regardé la télé.

____

4. s'ils ont écouté des disques.

____

5. quels disques ils ont écoutés.

____

6. s'ils ont étudié.

____

7. s'ils ont téléphoné à leurs parents?

____

NOM ______________________________CLASSE ____________DATE ______________

IV. Élise a fait beaucoup de choses hier, contrairement à (contrarily to) *Corinne qui n'a rien fait du tout parce qu'elle ne se sentait pas bien* (was not feeling good). *Pour exprimer ça, récrivez le paragraphe négativement. Faites tous les autres petits changements qui sont nécessaires.*

Élise a commencé sa journée avec un bon petit déjeuner. Puis *(then),* elle a étudié son anglais. Puis, elle a écouté son programme préféré à la radio et elle a téléphoné à son petit ami Denis. Elle a invité Denis à dîner. Puis elle a acheté des provisions pour le dîner et elle a déjeuné avec sa mère dans un self-service près du campus. Enfin, elle a retrouvé son petit ami et ils ont dîné ensemble chez elle.

Corinne n'a pas commencé sa journée avec un bon petit déjeuner . . . .

____

_____________________ **Marc.** ___________________________ **Marc** ____________

____

____

____

____

____

____

____

V. Avec la liste suivante des verbes, racontez ce que vous avez fait et ce que vous n'avez pas fait hier. Employez le **passé composé.**

acheter—déjeuner—écouter—étudier—jouer—parler—regarder
travailler—téléphoner—dîner

NOM ______________________________ CLASSE ______________ DATE ________________

CONVERSATION 15

De bonnes affaires

I. Associez les mots de la colonne **A** *avec les mots de la colonne* **B** *pour former des expressions bien françaises.*

A	B
1. faire	a. un anorak
2. aller	b. marché
3. avec	c. à ravir
4. avoir	d. de bonnes affaires
5. ne pas tenir	e. l'air
6. porter	f. plaisir
7. bon	g. debout
8. prendre	h. un pot

II. Dites ce que portent les personnes suivantes.

Mme Durand porte ______________________________

M. Durand porte ______________________________

Paul Durand porte ______________________________

III. Dites 5 ou 6 choses que vous portez en ce moment.

En ce moment, je porte . . . ______________________________

____

____

____

IV. Avec la liste- ci-dessous (below), *résumez* (summarize) *l'après-midi de Marie dans le dialogue de votre livre. Utilisez le* **passé composé** *si nécessaire.*

aller à pied — faire des courses — le Prisunic — acheter — faire de bonnes affaires aller à ravir — avoir l'air — prendre un pot

Cet après-midi, Marie ____

____

____

____

____

____

V. Un ami à vous s'est acheté de nouveaux vêtements ce matin. Plus tard, vous le rencontrez et vous lui posez des questions. Demandez-lui:

1. ce qu'il a fait ce matin.

____

2. comment il est allé en ville.

____

3. dans quel magasin il est allé.

____

4. ce qu'il a acheté.

____

5. s'il les a payés cher.

____

6. s'il est fatigué, maintenant.

____

7. s'il veut aller prendre un pot avec vous.

____

NOM ______________________ CLASSE ____________ DATE ____________

GRAMMAR UNIT 10

Passé composé *of verbs conjugated with* être

I. Complétez les phrases suivantes au **passé composé.** *Attention! Comme tous les verbes entre parenthèses utilisent l'auxiliaire* **être,** *faites l'accord* (agreement) *entre le participe passé et le sujet.*

1. (arriver) Quand est-ce que vous ______________________?
2. (venir) Je ______________________ en classe à pied.
3. (entrer) Nous ______________________ de bonne heure.
4. (monter) Tu ______________________ avec moi?
5. (descendre) Vincent ______________________ à 9h.
6. (mourir) Ils ______________________ d'un accident de voiture.

II. Répondez aux questions suivantes négativement.

1. Roger est allé à la gare, hier soir?
   ____
2. Marie et Jean sont restés à la maison?
   ____
3. Vous êtes parti(e)s à l'heure?
   ____
4. Tu es né(e) au Mexique, n'est-ce pas?
   ____

III. Posez les questions suivantes à vos camarades sur leur week-end. Utilisez la forme **vous**. *Demandez-leur:*

EXEMPLE s'ils sont allés au cinéma ce week-end.
Êtes-vous allés au cinéma ce week-end?

1. s'ils ont regardé la télé.
2. s'ils sont sortis avec des copains.
3. s'ils ont pris un pot avec leurs copains.
4. s'ils ont fini leur devoirs pour la semaine.
5. s'ils ont acheté des vêtements.

IV. **Être** or **avoir**? *Racontez (Tell) l'histoire suivante au* **passé composé** *avec les éléments donnés. Attention au choix de l'auxiliaire et à l'accord du participe passé!*

1. Hier, Claudine / arriver chez Thierry vers 6h30.
2. Ils / rester / chez lui pour dîner.
3. Puis ils/sortir.
4. Ils / aller à pied au café pour prendre un ~~pot.~~
5. Là, ils / voir des amis et ils / parler toute la nuit.
6. Ils / partir vers trois heures du matin.
7. Ils/ descendre dans le métro, mais Claudine / tomber.
8. Alors, Thierry / appeler un taxi et ils / revenir chez elle en taxi.

V. Répondez à ces questions personnelles.

1. À quelle heure êtes-vous parti(e) de chez vous ce matin?

____

2. Êtes-vous arrivé(e) en classe à l'heure aujourd'hui?

____

3. Est-ce que le prof a posé beaucoup de questions difficiles (*difficult*)?

____

4. Est-ce que vous avez bien répondu à ses questions?

____

5. Hier soir, êtes-vous resté(e) à la maison?

____

6. Avez-vous beaucoup étudié?

____

7. Êtes-vous sorti(e) samedi dernier?

____

8. Où êtes-vous allé(e)? Avec qui?

____

9. À quelle heure êtes-vous rentré(e)?

____

10. Avez-vous été malade récemment?

____

NOM ______________________ CLASSE ______________ DATE ______________

CONVERSATION 16

Louer (to rent) *un appartement*

I. Voilà le plan d'un appartement. Nommez les salles et mettez-y (put in them) *les meubles que vous connaissez.*

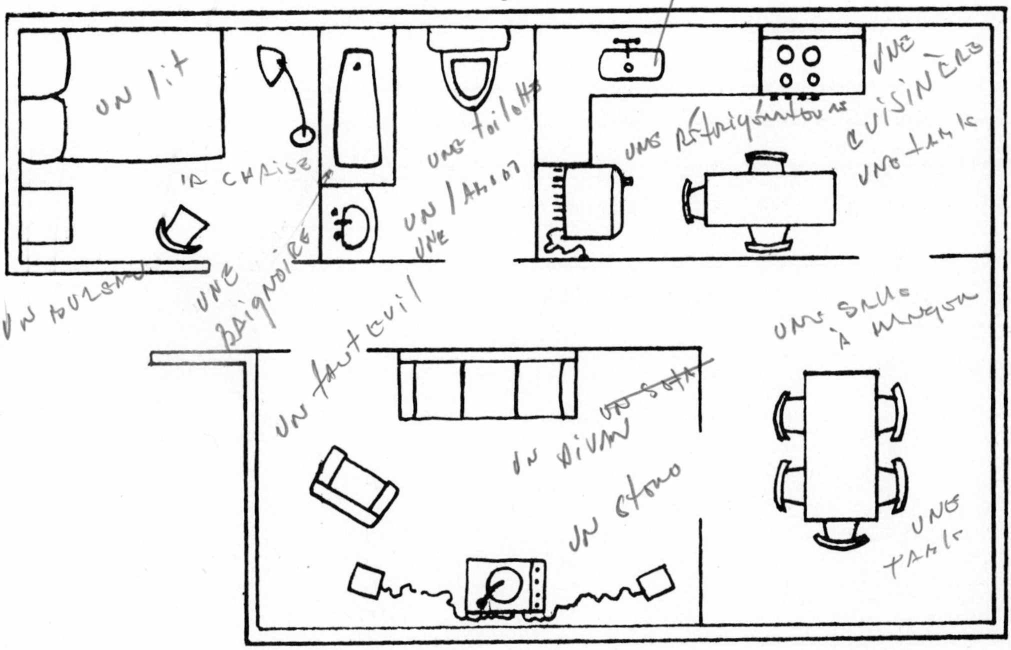

*II. Relisez le dialogue dans votre livre, puis résumez-le ainsi (*as follows*).*

1. Décrivez l'appartement que Jean veut louer (l'étage, les pièces, le chauffage...).

   L'appartement est un le premier étage avec trois-pièces, et le chauffage central

2. Parlez du loyer, du quartier où il se trouve et dites pourquoi il convient à Jean.

*III. Imaginez que vous regardez un appartement que vous voulez louer. Répondez aux questions du propriétaire (owner) en utilisant un pronom complément (**le, la** ou **les**) et l'expression **très bien.***

1. Comment trouvez-vous l'appartement?

   Il a l'air très agréable

2. Comment trouvez-vous les chambres?

   Je les trouve très bien

3. Comment trouvez-vous le salon?

   Je le trouve très moderne

4. Comment trouvez-vous la cuisine?

   Je la trouve tranquille

5. Comment trouvez-vous la salle de bains?

   Je la trouve très agréable

NOM ______________________ CLASSE ______________ DATE ______________

IV. Dans un paragraphe de 50 ou 60 mots, décrivez votre logement. Utilisez la liste suivante.

le/la camarade de chambre — le logement — l'appartement — l'étage — le loyer — louer — convenir — le quartier — déranger — les meubles — les pièces — le chauffage

MON CAMARADE DE CHAMBRE VIENDRA LE VOIR DEMAIN MATIN.

NOM ______________________ CLASSE ____________ DATE ____________

GRAMMAR UNIT 11

Unstressed personal pronouns

I. **Le, la** or **les?**

*A. Parlez de vos petites habitudes (*habits*). Répondez aux questions suivantes en remplaçant les expressions soulignées (*underlined*) par un pronom.*

EXEMPLE Est-ce que vous faites les courses tous les jours?
Oui, je les fais tous les jours.

1. Est-ce que vous achetez les provisions tous les jours?
   je ne ai les achète pas tous les jours.
2. Est-ce que vous lisez le journal tous les jours?
   Non je ne le tous les jour.
3. Est-ce que vous regardez la page des sports?
   Oui je la regarde.
4. Est-ce que vous regardez les informations à la télé?
   Oui. je les regarde à la télé.
5. Est-ce que vous écoutez souvent la radio?
   Oui je la écoute.

B. Récrivez les phrases suivantes en changeant les expressions soulignées par le pronom qui convient. Attention! Accordez le participe passé avec le pronom objet direct puisque (since) *il est maintenant placé avant.*

EXEMPLE J'ai regardé la télé hier soir.
Je l'ai regardée hier soir.

1. Tu as fait les courses pour le dîner.

   Tu as fait tu les ai fait pour le dîner.

2. Nous avons acheté le fromage.

   Nous avons l'acheté

3. Paul et Olivier ont préparé les hors d'oeuvre.

   P + O les ont préparé

4. Vous avez fait la salade.

   Vous la avez fait

5. Cécile a mangé les fruits.

6. Moi, j'ai regardé mes amis travailler.

II. **Lui** ou **leur**

A. Parlons un peu plus de vos habitudes. Répondez aux questions en remplaçant les expressions soulignées par un pronom.

EXEMPLE Est-ce que vous dites toujours bonjour au prof en entrant?
Oui, je lui dis toujours bonjour.

1. Est-ce que vous parlez français aux autres étudiants de la classe?

   ____

2. Est-ce que vous rendez vos devoirs au prof à l'heure en général?

   ____

3. Est-ce que vous téléphonez souvent à votre petit(e) ami(e)?

   ____

4. Est-ce que vous écrivez régulièrement à vos parents?

   ____

5. Est-ce que vous demandez souvent de l'argent à votre mère?

   ____

6. Est-ce que vous donnez des fleurs (flowers) à vos amis pour leur anniversaire?

   ____

B. Vous avez décidé de vous marier et vous avez une longue liste de choses à faire. Votre fiancé(e) vous demande si c'est fait.

EXEMPLE Tu as téléphoné à ta soeur?

Oui, je lui ai téléphoné.

1. Tu as téléphoné à tes parents?

   Oui, ______________________________
2. Tu as parlé de la réception à ta mère?

   Oui, ______________________________
3. Tu as écrit la nouvelle à ton grand-père?

   Non, ______________________________
4. Tu as annoncé notre mariage à tes amis?

   Oui, ______________________________
5. Tu as dit ça à ton amie Monique?

   Non, ______________________________

III. **Me, te, nous** ou **vous**? *Quand quelqu'un fait quelque chose pour vous, vous rendez la pareille* (reciprocate) *et vice versa. Exprimez votre philosophie en complétant les phrases suivantes comme dans l'exemple, au* **présent.**

EXEMPLE Je t'ai donné mon vélo, *maintenant tu me donnes ton vélo.*

1. Je t'ai fait à dîner, ______________________________
2. Tu m'as écrit une carte. ______________________________
3. Nous t'avons répondu en français, ______________________________
4. Vous m'avez acheté une voiture, ______________________________
5. Nous vous avons invité(e)(s), ______________________________
6. Tu nous as préparé un sandwich, ______________________________
7. Vous nous avez apporté des fleurs, ______________________________

IV. **Y** *Répondez aux questions en changeant les expressions soulignées par le pronom* **y.**

1. Allez-vous souvent au cinéma?
____
2. Étudiez-vous à la bibliothèque?
____
3. Avez-vous répondu à la lettre de votre mère?
____
4. Est-ce que votre meilleur(e) achète ses provisions dans les supermarchés?
____
5. Est-ce que vos parents habitent à Philadelphie?
____
6. Et vous, habitez-vous près de l'université?
____

V. **En** *Vous rentrez chez vous et comme vous avez faim, vous demandez à vos camarades de chambre s'il y a ce que vous voulez à manger.*

1. Est-ce qu'il y a du pain?
   ____
2. Est-ce que tu as acheté des fruits, Michel?
   ____
3. Est-ce que vous avez trouvé du fromage à l'épicerie?
   ____
4. Est-ce que nous avons un litre de vin rouge?
   ____
5. Est-ce qu'il y a de la glace dans le frigo?
   ____
6. Est-ce que vous avez acheté trois steaks pour ce soir?
   ____

VI. Récrivez les phrases suivantes en changeant les expressions soulignées par le pronom qui convient.

1. J'ai trois sœurs.
   ____
2. Nous avons répondu aux questions du prof en français.
   ____
3. Tu veux du fromage.
   ____
4. Vous allez au restaurant ce soir.
   ____
5. J'ai invité mon ami Pierre.
   ____
6. Ils écoutent la radio.
   ____
7. J'ai acheté de la salade.
   ____

8. Nous ne connaissons pas tes copains.

9. Tu n'habites pas en France.

VII. Récrivez les phrases suivantes en changeant chaque expression soulignée par le pronom qui convient.

EXEMPLE Je vous ai parlé de mes problèmes.
Je vous en ai parlé.

1. J'ai montré mon nouveau vélo à Paul.
2. J'ai demandé de l'argent à mes parents.
3. Martin a annoncé la nouvelle à sa petite amie.
4. Vous nous avez donné de fleurs.
5. Tu m'as rendu mon livre, n'est-ce pas?
6. J'ai rencontré Joël au café à 5h.
7. Vous m'avez rencontré(e) au cinéma à 7h20.

NOM ______________________ CLASSE ______________ DATE ______________

GRAMMAR UNIT 12

Reflexive verbs: present tense *and* passé composé

I. Complétez les phrases suivantes avec la forme correcte des verbes entre parenthèses au ***présent.***

EXEMPLE (se coucher) Je *me couche* tôt en général.

1. (se lever) Nous ______________________ à 8h.
2. (se reposer) Nicole ______________________ maintenant.
3. (se brosser les dents) Ils ______________________ avant de partir.
4. (s'amuser) Vous ______________________ bien.
5. (se promener) Tu ______________________ avec un copain.
6. (s'appeler) Je ______________________ Catherine.

II. Avec la liste des verbes donnés, décrivez les habitudes de votre famille le week-end. Employez la forme ***nous*** *des verbes.*

se réveiller — se lever — s'habiller — se dépêcher — se reposer — s'amuser — se coucher

EXEMPLE *Nous nous réveillons de bonne heure en général et . . .*

____

____

____

____

III. Parlez maintenant de vos habitudes pendant la semaine. Répondez aux questions suivantes par des phrases complètes.

Pendant la semaine . . .

1. à quelle heure est-ce que vous vous levez?

   ____

2. est-ce que vous vous habillez tout de suite?

   ____

3. est-ce que vous vous maquillez (rasez) tous les matins?

   ____

4. comment est-ce vous habillez en général?

   ____

5. quand est-ce que vous vous brossez les dents?

   ____

6. est-ce que vous vous dépêchez pour arriver en classe à l'heure?

   ____

7. à quelle heure est-ce que vous vous couchez en général?

   ____

IV. Écrivez ce que les personnes suivantes ont fait le week-end dernier. Employez le ***passé composé*** *des verbes donnés. Attention! le participe passé s'accorde avec le pronom réfléchi.*

EXEMPLE (ne . . . pas sortir) Caroline *n'est pas sortie*.

1. (se coucher) Nous ______________________ tard.
2. (se promener) Alice et Antoine ______________________ sur les quais.
3. (s'amuser) Christophe ______________________ avec des amis.
4. (se reposer) Je ______________________ toute la soirée.
5. (ne . . . pas s'amuser) Vous ______________________ du tout. (*at all*)
6. (ne . . . pas se coucher) Tu ______________________ du tout.

NOM ______________________ CLASSE ______________ DATE ______________

V. Posez les questions qui correspondent aux réponses données. Utilisez des ***verbes réfléchis.*** *Attention au temps!*

1. ____

   Oui, je fais la grasse matinée le dimanche matin.

2. Vous êtes vous rasé hier

   Non, je ne me suis pas rasé hier.
   SHAVE

3. Vous promenez vous

   Oui, nous nous promenons souvent en ville.

4. ____

   Non, elles se sont reposées samedi soir.

5. A quelle heure vous êtes vous couchés hier soir

   Nous nous sommes couchés à 11h30 hier soir.

VI. Écrivez un paragraphe où vous décrivez en détails ce que vous avez fait le week-end dernier. Utilisez au moins (at least) *6 ou 7 verbes réfléchis de ce chapitre et d'autres. Employez le* ***passé composé****.*

EXEMPLE *Samedi matin, je me suis levé(e) à midi . . .*

En vendredi

VII. Demandez à un ami ce qu'il a fait dimanche dernier. Vous voulez connaître les détails de sa journée. Posez-lui des questions à la forme **tu** *avec autant de* **verbes réfléchis** *que possible.*

1. ______________________________
2. ______________________________
3. ______________________________
4. ______________________________
5. ______________________________
6. ______________________________

NOM ______________________ CLASSE ______________ DATE ______________

CONVERSATION 17

En ville

I. Les verbes suivants sont au futur. Donnez leur infinitif.

EXEMPLE J'achèterai *acheter*

1. Tu feras ____________
2. J'irai ____________
3. Ça te fatiguera ____________
4. Je prendrai ____________
5. Je n'oublierai pas ____________
6. Il viendra ____________

*II. Changez le temps des phrases suivantes du **futur** au **futur proche** (aller + infinitif).*

EXEMPLE Ils achèteront des fleurs. *Ils vont acheter des fleurs.*

Demain, ...

1. je ferai des courses avec ma mère. ______________________________ .
2. nous prendrons un pot ensemble. ______________________________ .
3. ils dîneront au restaurant. ______________________________ .
4. vous rentrerez assez tard. ______________________________ .
5. Bernard s'amusera avec moi. ______________________________ .

6. tu regarderas la télé, non? Tu vas regarder la télé, non.
7. moi, je lirai un bon roman. Moi, je vais lire un bon roman.
8. Sylvain viendra chez moi. Sylvain va venir chez moi.

III. Relisez le dialogue dans votre livre, puis répondez aux questions suivantes.

1. Où est-ce que Marie ira ce week-end? Qu'est-ce qu'elle y fera?

____

2. Pour qui est-ce qu'elle achètera un cadeau? Pourquoi?

____

3. Comment est-ce qu'elle ira en ville? Pourquoi?

____

4. Et s'il pleut, qu'est-ce qu'elle fera?

____

5. Où est-ce que Marie va ce soir? Avec qui?

____

6. À quelle heure est-ce que Roger viendra la chercher?

____

7. À quelle heure est-ce que Jean viendra chez elle?

vers (at about)

____

IV. Révisons le ***passé composé*** *des verbes réfléchis. Répondez aux questions suivantes.*

1. À quelle heure est-ce que tu t'es couché(e) hier soir?

____

2. Est-ce que tu t'es levé(e) à 7h ce matin?

____

3. Est-ce que tu t'es maquillée (rasé) aujourd'hui?

____

4. Est-ce que tu t'es bien amusé(e) samedi soir?

____

NOM ______________________________ CLASSE ______________ DATE ________________

V. Écrivez une petite histoire (story) *de 6 à 8 phrases à partir des mots suivants.*

l'heure précise — l'anniversaire — le projet — le cadeau — oublier — s'en faire — trop de monde — l'heure de pointe

____

____

____

____

____

Joan
Leah

NOM ______________________ CLASSE ______________ DATE ______________

GRAMMAR UNIT 13

Future tense

*I. Dites ce que les personnes suivantes feront (*will do*) l'été prochain. Mettez les verbes entre parenthèses au* ***futur.***

1. (dîner) Nous ______________________ au restaurant tous les soirs.
2. (s'amuser) Je ______________________.
3. (travailler) Vous ne ______________________ pas.
4. (grossir) Tu ______________________ un peu, bien sûr.
5. (prendre) Benoît ______________________ des bains de soleil à Tahiti.
6. (partir) Robert et Gisèle ______________________ à Hawaï.
7. (se dépêcher) Nous ______________________ jamais.
8. (écrire) Mes amis m' ______________________ de longues lettres.

II. Complétez les phrases suivantes en utilisant les verbes donnés au ***futur.***

être — faire — avoir — venir — aller — revenir

1. Cet après-midi, mon ami(e) ______________ et moi, nous ______________
____
2. Si j'ai le temps ce soir, je ______________________________

3. Dimanche, s'il fait beau, je ______________________________

4. La semaine prochaine, mes parents ______________________________

5. À la fin du semestre, ma famille ______________________________

____

6. Cet été, je ______________________________

III. Dans les phrases suivantes, utilisez ***si*** *au lieu de (*instead of*)* ***quand*** *et changez le temps des verbes.*

EXEMPLE Si j'ai le temps, j'irai au cinéma.
Quand j'aurai le temps, j'irai au cinéma.

1. Si tu as le temps, tu iras à la plage.

   ____

2. Si vous êtes libre ce soir, vous prendrez un pot avec nous.

   Quand nous sera nous prendras un cafe

3. Si nous travaillons tard, nous rentrerons en taxi.

   ____

4. Si je lis ce roman, je t'en parlerai.

   ____

5. Si Mathieu vient me voir, nous déjeunerons dans ce petit restaurant.

   ____

6. S'il fait beau demain, je ne travaillerai pas.

   ____

IV. Écrivez des phrases avec les expressions données.

EXEMPLE (une fois par jour) *Je fais du tennis une fois par jour.*

1. (de temps en temps) ______________________________

2. (souvent) ______________________________

3. (depuis longtemps) ______________________________

4. (bientôt) ______________________________

5. (une fois par semaine) ______________________________

NOM ______________________ CLASSE ______________ DATE ______________

V. Parlez de votre week-end prochain. Répondez aux questions suivantes par des phrases complètes.

1. Est-ce que vous ferez la grasse matinée?

   ____

2. Est-ce que vous ferez des courses? Qu'est que vous achèterez?

   ____

3. Est-ce que vous sortirez samedi soir? Avec qui?

   ____

4. Est-ce que vous irez au cinéma?

   ____

5. Après ça, est-ce que vous prenez un pot avec vos copains?

   ____

6. De quoi est-ce que vous parlerez?

   ____

7. Est-ce que vous étudierez un peu?

   ____

8. S'il fait beau dimanche, est-ce que vous promènerez?

   ____

9. À quelle heure est-ce que vous vous coucherez dimanche soir?

   ____

*VI. En 6 ou 7 phrases, décrivez votre vie (*life*) quand vous aurez 30 ans. Dites par exemple, si vous serez marié(e), si vous aurez des enfants etc . . .*

____

____

____

____

____

____

____

NOM ______________________ CLASSE ____________ DATE ____________

CONVERSATION 18

À la Gare de l'Est

I. **Devoir.** *Voilà ce que les étudiants de la classe de français doivant faire. Écrivez ces obligations à partir des éléments donnés.*

EXEMPLE On/devoir/rendre les devoirs à l'heure.
On doit rendre les devoirs à l'heure.

1. Vous/devoir/parler français tout le temps.

   ____

2. Tu/devoir/faire attention.

   ____

3. Nous/devoir/faire nos devoirs tous les soirs.

   ____

4. On/devoir/arriver à l'heure.

   ____

5. Les étudiants/devoir/aller au labo régulièrement.

   ____

II. Relisez le dialogue dans votre livre, puis résumez-le en suivant les instructions données.
Dites où est Jean, ce qu'il achète et pourquoi. Donnez des détails sur le billet qu'il achète (validité, correspondance, etc. . . .) Enfin (*at last*) dites ce qu'il veut faire avant de (*before*) monter dans le train et pourquoi il doit se dépêcher.

____

____

____

____

____

____

____

____

III. Complétez le paragraphe suivant avec les mots ou expressions ci-dessous. N'oubliez pas de conjuguer des verbes.

l'aéroport — le pays — le sud — au guichet — la correspondance — vers — à peu près — huit jours — aller — retour — être obligé — voyager — manquer — pouvoir — essayer — s'arrêter

Hier, je suis allé(e) à ____________________ pour acheter un billet ____________________. Je ____________________ de partir pour le ____________________ de la France pour mon travail. Je vais ____________________ en avion et j'y resterai ____________________. Une fois mon travail fini, je pense que je vais aller dans d'autres ____________________ comme l'Angleterre ou l'Italie. Je ____________________ sûrement à Paris pour y voir un cousin. Je vais aussi (*also*) ____________________ de voir le musée des Impressionnistes. Je dois partir de Chicago ____________________ 7h, heure locale, et j'arriverai à Paris à ____________________ 7h, heure de Paris! Quelle chance! Le vol (*flight*) Chicago-Paris est direct: il n'y aura pas de ____________________.

IV. Parlons des voyages. Répondez aux questions suivantes.

1. Comment voyagez-vous en général?

   ______

2. Est-ce que vous prenez souvent le train?

   ______

3. Êtes-vous jamais allé dans l'Ouest des États-Unis?

   ______

4. Aimez-vous voyager en avion?

   ______

5. Avez-vous jamais pris un hélicoptère?

   ______

6. Avez-vous eu peur?

   ______

V. Vous parlez à un ami qui vient juste de revenir d'un voyage. Écrivez les questions qui correspondent à ses résponses. Employez la forme **tu.**

1. ______

   Je suis allé dans l'Ouest des États-Unis.

2. ______

   J'ai voyagé en stop (*hitchhiking*).

3. ______

   Parce que je n'ai pas eu le temps de t'écrire.

4. ______

   Je suis resté en Californie deux mois et demi.

5. ______

   Non, je n'ai pas eu peur de voyager seul.

6. ______

   Je me suis arrêté dans le Colorado et dans le Nouveau-Mexique.

VI. En 7 or 8 phrases, racontez les événements d'un voyage que vous avez fait. Dites où vous étes allé(e), avec qui, quand etc . . . .

____

____

____

____

____

____

____

CONVERSATION 19

Au musée du Jeu de Paume✦

I. Relisez le dialogue dans votre livre, puis répondez aux questions suivantes.

1. Où est-ce que Jean et Marie se promènent?

   Jean et Marie promènent dans le Jardin des Tuileries.

2. Qu'est-ce que c'est que le musée du Jeu de Paume?

   C'est le musée des impressionnistes: Manet, Monet, Renoir et beaucoup d'autres.

3. Qui a donné le nom ‹‹Impressionnistes›› aux nouveaux peintres? À cause de quel tableau? À cause d'un tableau de Monet intitulé

   Impression du soleil levant

4. Quelle reproduction est-ce que Jean achète?

   Jean a acheté un tableau de Monet intitulé Le Déjeuner sur l'herbe.

5. Où est-ce qu'il va la mettre?

   Il va le mettre au mur de son chambre

II. Complétez le paragraphe suivant logiquement.

Aujourd'hui, je suis allée au ___musée___ du Jeu de Paume pour ___jeter___ un coup d'oeil sur un ___peintres___ célèbre ___peintres de l'___ *Impression*. Il me ___plaît___ beaucoup. J'ai passé plusieurs heures à regarder ce lever du ___soleil levant___ sur la ___mur du musée___. Le ___peintre___ Monet est un Impressioniste et un de mes artistes préférés. Dans le petit VENDEUSE

du musée, j'ai acheté une REPRODUCTION DE TABLEAUX que je vais mettre sur le

MUR de ma chambre.

III. Écrivez un paragraphe (de 30 à 40 mots) où vous décrivez votre chambre (les meubles, les objets, ce qu'il y a sur les murs.) Dites pourquoi vous avez choisi certaines de ces choses. Utilisez le vocabulaire donné.

le mur — le tableau — le poster — le peintre — la photo — plaire — représenter

C'est UN TABLEAU DE HOMER AU MUR DU MA
BUREAU. AUSSI LA PHOTO MAIS AVEC LE BÉBÉ
JÉSUS. LA PHOTO DES MON PARENT QUI
ME PLAÎT BEAUCOUP. ET LA CARTE DE EVANSTON
CONTENIR LES ROUTES DE VÉLO.

NOM ______________________________ CLASSE ______________ DATE ________________

GRAMMAR UNIT 14

Imperatives

I. Votre professeur vous dit de faire certaines choses mais vous ne faites pas attention. Pour vous aider, un camarade de classe répète pour vous ces ordres. Utilisez la forme **vous** *à l'impératif quand c'est le prof qui parle et la forme* **tu** *à l'imperatif quand c'est votre camarade qui parle.*

	Le prof:	**Votre comarade:**
EXEMPLE		
répéter	*Répétez!*	*Eh! Répète!*
regarder la carte	____________________	____________________
parler plus vite	____________________	____________________
se lever	____________________	____________________
venir au tableau	____________________	____________________
s'asseoir	____________________	____________________
finir le texte	____________________	____________________
répondre	____________________	____________________
être poli	____________________	____________________
se dépêcher	____________________	____________________

*II. Imaginez que vous avez un enfant de 18 ou 19 ans. Dites-lui de changer son style de vie. Avec les verbes donnés, donnez-lui des ordres. Utilisez l'**impératif négatif** et la forme **tu.***

*II. Imaginez que vous avez un enfant de 18 ou 19 ans. Dites-lui de changer son style de vie. Avec les verbes donnés, donnez-lui des ordres. Utilisez l'**impératif négatif** et la forme **tu**.*

EXEMPLE se lever si tard *Ne te lève pas si tard!*

1. se coucher tard ______
2. regarder la télé tout le temps ______
3. aller au bar tous les soirs ______
4. bavarder trop longtemps au téléphone ______
5. arriver an retard à l'école ______
6. oublier de faire tes devoirs ______

*III. Vous et votre camarade de chambre avez la grippe. Dites-vous mutuellement ce que vous devriez (should) ou ne devriez pas faire. Utilisez la forme **nous** des verbes à l'**impératif affirmatif** ou **négatif**, selon le cas.*

EXEMPLE regarder la télé *Regardons la télé!*

1. se reposer ______
2. rester au lit ______
3. appeler le docteur ______
4. sortir avec les copains ______
5. prendre du jus d'orange ______
6. avoir de la patience ______
7. faire les devoirs ______
8. se coucher tard ______

*IV. Vous essayez (*try*) de donner de bonnes manières (*manners*) à votre enfant. Changez ce qu'il/elle dit d'après le modèle.*

EXEMPLE L'ENFANT: Donne-moi un bonbon.
VOUS: *Veux-tu me donner un bonbon, s'il te plaît?*

1. L'ENFANT: Donne-moi du lait.

   VOUS: ____________________
2. L'ENFANT: Donne-moi du gâteau.

   VOUS: ____________________
3. L'ENFANT: Achète-moi un coca.

   VOUS: ____________________
4. L'ENFANT: Achète-moi une limonade.

   VOUS: ____________________
5. L'ENFANT: Achète-moi un éclair.

   VOUS: ____________________
6. L'ENFANT: Donne-moi de l'argent.

   VOUS: ____________________

*V. Donnez 6 ou 7 conseils (*advice*) à un(e) ami(e) qui veut entrer à l'université. Employez l'**impératif affirmatif** ou **négatif**.*

1. ____________________
2. ____________________
3. ____________________
4. ____________________
5. ____________________
6. ____________________
7. ____________________

VI. Thème d'imitation: Traduisez en français.

John Hughes is a young American chemical engineer. He lives in Paris. He has rented a room near the Observatory, in the Latin Quarter, in a house (*chez*) an old lady, Mrs. Duval. She is seventy years old, she has white hair, and she is nice to John, because she likes Americans. John is happy. He likes (*Il aime bien*) his room, and autumn in Paris is one of the most beautiful seasons of the year. The trees of the Avenue of the Observatory are very beautiful in the month of October. The month of November is usually less pleasant, because it's cold and it rains often. But John forgets the bad weather and he thinks he is lucky to be (*d'être*) in Paris.

____

____

____

____

____

____

____

____

____

____

____

____

____

____

____

*NOTE ON THE THÈME D'IMITATION

The *Thème d'imitation,* which will be found in most grammar units from now on, are little themes that are based upon one or more of the dialogues you have already studied. Their purpose is to give you additional practice in using authentic French word patterns. They are scarcely more difficult than the dialogues you have been doing orally, but they call for more conscious effort because they call into play a greater variety of expressions and make use of longer sentences.

The best way to turn out good, correct, and idiomatic French *thème* is to work through it orally, sentence by sentence, before putting pen to paper. When you cannot recall the right word or phrase, it is better to try to find it in a dialogue than in the vocabulary; for if an expression is used in a dialogue, you know precisely what it means and how it is used. When you refer to the vocabulary, look for ways to express what you are trying to say. *One cannot possibly produce a good thème* by merely "looking up" all the words and copying them down. *It must be thought through in French.*

When you have worked on a sentence orally until it sounds right to you, write it down, taking care to spell words correctly, to use the proper forms, etc. Then after you have written each sentence, reread it to be sure that it expresses the idea you set out to express.

NOM ______________________ CLASSE ____________ DATE ____________

CONVERSATION 20

À l'arrêt d'autobus

I. Relisez le dialogue dans votre livre, puis répondez aux questions suivantes.

1. Que fait Marie quand Roger s'approche d'elle?

   ____

2. Depuis combien de temps est-ce qu'elle attend l'autobus?

   ____

3. Et pendant ce temps, est-ce qu'il est passé d'autres autobus?

   ____

4. Pourquoi est-ce que Marie ne l'a pas pris?

   ____

5. Est-ce qu'il y beaucoup de place dans l'autobus qui arrive? Comment le savez-vous?

   ____

   ____

6. Où est-ce que Marie descend?

   ____

7. Qu'est-ce qu'elle va faire?

   ____

8. Où va Roger?

   ____

II. Votre mère, toujours curieuse, veut tout savoir à propos de vous. Répondez à ses questions en remplaçant la partie soulignée (underlined) *par le pronom* ***y.***

1. Est-ce que tu vas au cinéma samedi soir?

   ____

2. Est-ce que tu as répondu à la lettre de ta grand-mère?

   ____

3. Tu vas chez le coiffeur cet après-midi, non?

   ____

4. Quand est-ce que tu iras à la banque?

   ____

5. Est-ce que tu étudieras à la bibliothèque ce soir?

   ____

6. Et après ça, tu vas aller chez tes copains?

   ____

III. Changez l'expression ***depuis longtemps*** *par* ***il y a longtemps que****, d'après le modèle.*

EXEMPLE Je n'ai pas vu ma mère depuis longtemps.
Il y a longtemps que je n'ai pas vu ma mère.

1. Je n'ai pas écrit à mon amie Bénédicte depuis longtemps.

   ____

2. Je n'ai pas fait de promenade depuis longtemps.

   ____

3. Je ne suis pas sortie avec mes copains depuis longtemps.

   ____

4. Je ne suis pas allée au cinéma depuis longtemps.

   ____

5. Je n'ai pas pris l'autobus depuis longtemps.

   ____

NOM ______________________ CLASSE ______________ DATE ______________

IV. Complétez les phrases suivantes avec ***temps, heures*** *ou* ***fois.***

1. Quelle ______________ est-il? Il est dix ______________ .
2. Quel ______________ fait-il? Il fait mauvais.
3. Combien de ______________ as-tu passé à Québec? Je n'y ai pas passé beaucoup de ______________ .
4. Combien de ______________ par semaine est-ce que tu vas au labo? J'y vais une ou deux ______________ .
5. As-tu le ______________ d'aller au théâtre ce soir? Hélas, non je n'ai pas le ______________ .
6. Combien de ______________ as-tu visité la France? Je l'ai visitée cinq ou six ______________ .
7. À Quelle ______________ est-ce que tu iras en ville? J'irai vers cinq ______________ .

V. Écrivez une petite histoire (story) *à partir des mots ou expressions donnés.*

être pressé — faire des achats — utiliser — ça ne fait rien — le vélomoteur — dangereux —

____

____

____

____

____

____

GRAMMAR UNIT 15
Stressed personal pronouns

I. Tout le monde rentre chez soi. Complétez les phrases suivantes avec le pronom disjoint qui convient.

EXEMPLE *Moi*, je vais chez *moi*.

1. ____________, il va chez ____________.
2. ____________ nous allons chez ____________.
3. ____________, elles vont chez ____________.
4. ____________, tu vas chez ____________.
5. ____________, vous allez chez ____________.
6. ____________, ils vont chez ____________.
7. ____________, elle va chez ____________.

II. Imaginez qu'hier vous êtes allé(e) chez un(e) ami. Donnez-nous des détails de votre visite en répondant aux questions. Changez les parties soulignées en pronoms.

1. Vous avez passé la soirée chez vos amis, n'est-ce pas?

   Oui, ____

2. Est-ce que vous y êtes allé(e) avec votre sœur?

   Oui, ____

3. Et vous y êtes allé(e) avec Pierre aussi, non?

   Non, ____

4. Est-ce que vous avez dîné avec vos amis?

   Oui, ____

5. Est-ce que vous avez parlé de votre famille?

   Oui, ____

6. Est-ce que vous êtes rentré(e) avec ou sans votre sœur?

   ____

III. **Vive la libération** *Les personnes suivantes font tout par elles-mêmes (*by themselves*). Pour insister sur ce fait (*fact*), finissez les phrases avec le* **pronom disjonctif** *qui convient et* **même,** *comme dans l'exemple.*

EXEMPLE Roger fait les courses *lui-même*.

1. Marie lave sa voiture ____________________.
2. Louise et Stéphanie réparent leur auto ____________________.
3. Christian lave ses vêtements ____________________.
4. Nous préparons nos repas ____________________.
5. Moi, je fais le ménage ____________________.
6. Et toi, est-ce que tu fais tout ____________________?

IV. **En** *ou* **un pronom disjonctif**? *Répondez aux questions suivantes en changeant les parties soulignées en pronoms.*

1. Est-ce que tu as souvent besoin d'argent?

   ____

2. Est-ce que tu as besoin d'une voiture pour aller à la fac?

   ____

3. As-tu encore (*still*) besoin de tes parents financièrement?

   ____

4. As-tu envie d'étudier en ce moment?

   ____

5. Est-ce que tu parles beaucoup de tes cours avec tes amis?

   ____

6. Est-ce que tu parles souvent de ta famille avec eux?

   ____

7. Est-ce que tu as peur de tes profs?

   ____

V. Vous êtes dans un restaurant. Utilisez les verbes donnés et les pronoms qui conviennent pour demander au serveur ce que vous voulez.

EXEMPLE (le pain) donner *Donnez-le-moi, s'il vous plaît.*
(des fruits) donner *Donnez-m'en s'il vous plaît.*

1. (le sel) apporter ______________________________
2. (de la salade) donner ______________________________
3. (du vin rouge) servir ______________________________
4. (les fromages) apporter ______________________________
5. (les desserts) montrer ______________________________
6. (des raisins) donner ______________________________

VI. Vous êtes toujours au restaurant, mais cette fois-ci avec un ami. Comme vous n'avez pas faim, à chaque fois que votre ami commande quelque chose, vous, vous dites que vous n'en voulez pas, comme dans l'exemple.

EXEMPLE VOTRE AMI: Donnez-moi la soupe du jour, s'il vous plaît.
VOUS: Pas pour moi, merci. *Ne me la donnez pas.*

1. VOTRE AMI: Apportez-moi le pâté.

   VOUS: Pas pour moi, merci. ______________________________
2. VOTRE AMI: Donnez-moi le cassoulet.

   VOUS: Pas pour moi, merci. ______________________________
3. VOTRE AMI: Apportez moi de la salade.

   VOUS: Pas pour moi, merci. ______________________________
4. VOTRE AMI: Montrez-moi le plateau à fromages.

   VOUS: Pas pour moi, merci. ______________________________
5. VOTRE AMI: Montrez-moi la carte des vins.

   VOUS: Pas pour moi, merci. ______________________________
6. VOTRE AMI: Donnez-moi du gâteau aux pommes.

   VOUS: Pas pour moi, merci. ______________________________

VII. **Y, lui** ou **leur?** *Récrivez les phrases suivantes en employant le pronom qui convient.*

1. Je réponds aux questions du prof.

   ____

2. Nous allons au bord de la mer, ce week-end.

   ____

3. Nous avons répondu calmement à l'agent de police.

   ____

4. Tu es allée chez Philippe?

   ____

5. J'ai dit la nouvelle à mon père.

   ____

6. Vous avez parlé de vous problèmes à votre fiancée.

   ____

7. Antoine a écrit à ses amis pendant les vacances.

   ____

VIII. Thème d'imitation: Traduisez en français.

Friday afternoon, John and Roger did some errands. They went into (1) a drugstore and John said to the pharmacist: "I would like some writing paper (2) and some postcards." The pharmacist said to him: "If you need writing paper and postcards, sir, go to the stationer's or tobacco shop. They do not sell medicines in tobacco shops, and pharmacists sell neither writing paper nor postcards." (3) Roger thought (4) the incident (5) very funny (6), but John found it less amusing (7).

(1) entrer dans (2) papier à lettres (3) ni papier à lettres ni cartes postales (4) a trouvé (5) l'incident *m.* (6) drôle (7)amusant

NOM ______________________________ CLASSE _______________ DATE _______________

CONVERSATION 21

Souvenirs d'enfance

I. Relisez le dialogue dans votre livre, puis résumez l'enfance de Roger en utilisant les mots suivants.

un album de photo — avoir douze ans — avoir l'air bête — habiter — l'école — pensionnaire — les week-ends — amusant — apprendre — la ville natale — une usine

____

____

____

____

____

____

____

____

II. Complétez les phrases suivantes logiquement.

1. On peut faire des courses dans des petits magasins ou dans des ______________________.
2. Je conduis, donc (*therefore*) j'ai ______________________.
3. Elle est née à Paris, donc sa ville ______________________ est Paris.

4. À l'école, on ______________________ à lire et à écrire, non?
5. Roger ne rentrait pas chez lui tous les soirs. Il couchait à l'école. Donc il était ______________________.
6. Sur cette photo, nous avons ______________________ intelligent.
7. Je ne m'amuse pas du tout, ce n'est pas ______________________.
8. À Detroit, il y a beaucoup de(d') ______________________ où l'on construit des voitures.

*III. La première partie des phrases suivantes décrit la vie de certaines personnes quand elles étaient petites. Maintenant leur vie n'a pas changé. Pour exprimer cette idée, changez le temps des verbes de l'***imparfait** *au* **présent**.

EXEMPLE À 8 ans, je jouais beaucoup. Maintenant je *joue* beaucoup aussi.

1. Mes parents travaillaient dur. Maintenant, ils ______________________ toujours dur.
2. Tu allais à l'école de la ville. Maintenant tu ______________________ à l'université de la même ville.
3. Ma meilleure amie faisait beaucoup de sport. Maintenant elle en ______________________ toujours beaucoup.
4. Nous aimions faire des pique-niques. Maintenant nous ______________________ toujours en faire.
5. Vous regardiez beaucoup la télé. Maintenant vous la ______________________ toujours beaucoup.

IV. Vous montrez des photos de votre enfance à un ami. Répondez à ses questions.

1. Quel âge est-ce que tu avais sur cette photo?

   ____

2. À quelle école est-ce que tu allais quand tu étais petit(e)?

   ____

3. Est-ce que l'école était loin de chez toi?

   ____

4. Est-ce que tu y allais à pied?

   ____

5. Est-ce que tu devais beaucoup étudier?

   ____

6. Et pendant les vacances, où est-ce que tu allais?

   ____

7. Qu'est-ce que tu faisais pour t'amuser?

   ____

8. Est-ce que tu avais beaucoup d'amis?

   ____

9. Où est-ce que tu les rencontrais en général?

   ____

10. Qu'est-ce que tu regardais à la télé?

    ____

NOM ______________________________ CLASSE ______________ DATE _______________

GRAMMAR UNIT 16

The imperfect tense

I. Monique et son frère ont changé en mieux (for the better). Contrastez leur vie maintenant et leur vie d'avant, quand ils étaient plus jeunes. Récrivez les phrases en suivant (following) l'exemple.

EXEMPLE Maintenant, nous avons beaucoup de succès.
Avant, nous n'avions pas beaucoup de succès.

1. Maintenant, nous habitons à New York.

   Avant, ____
2. Maintenant, nous finissons toujours ce que nous commençons.

   Avant, ____
3. Maintenant, nous répondons rapidement aux lettres de nos grands-parents.

   Avant, ____
4. Maintenant, nous sommes de très bons étudiants.

   Avant, ____
5. Maintenant, nous avons beaucoup d'amis.

   Avant, ____
6. Maintenant, nous faisons du piano.

   Avant, ____
7. Maintenant, nous savons faire du tennis.

   Avant, ____
8. Maintenant, nous aimons beaucoup notre vie.

   Avant, ____

*II. Avec les verbes donnés, écrivez des phrases où vous décrivez votre vie quand vous étiez très jeune. Utilisez l'***imparfait**.

1. (habiter) ______________________________
2. (s'amuser) ______________________________
3. (s'intéresser à) ______________________________
4. (étudier) ______________________________
5. (avoir le temps de) ______________________________
6. (faire) ______________________________
7. (aller souvent) ______________________________
8. (obéir à) ______________________________
9. (être) ______________________________

III. Avec les verbes suivants, comparez votre vie maintenant et votre vie quand vous aviez 13 ans.

EXEMPLE se lever le matin *Maintenant je me lève à 7h30, mais à 13 ans je me levais à 6h30.*

1. habiter ______________________________
____
2. s'intéresser à ______________________________
____
3. faire du sport ______________________________
____
4. apprendre le français ______________________________
____
5. avoir le temps de ______________________________
____

IV. Répondez aux questions en faisant attention au temps de la question.

1. Est-ce qu'il faisait beau quand vous vous êtes levé(e) ce matin?

____

2. Et hier soir, est-ce qu'il pleuvait quand vous êtes rentré(e) chez vous?

____

3. Quand vous êtes arrivé(e) en classe, qu'est-ce que le prof faisait?

____

4. Quand est-ce que vous avez été au cinéma la dernière fois?

____

5. Est-ce que le film était bon?

____

6. Est-ce qu'il y avait beaucoup de monde dans le cinéma?

____

7. Est-ce que vous aviez faim après le film?

____

8. Est-ce que vous étiez fatigué(e) hier soir quand vous vous êtes couché(e)?

____

V. **Imparfait** *or* **passé composé**? *Récrivez le paragraphe suivant en utilisant le passé qui convient.*

Ce matin, comme d'habitude, Henri quitte la maison à huit heures pour aller à l'école. Comme il pleut à ce moment-là, sa mère lui dit de prendre son imperméable et de se dépêcher car il est presque huit heures. Comme l'école n'est pas loin de la maison, Henri décide qu'il n'a pas besoin de se dépêcher. En passant devant une boulangerie, il remarque de beaux croissants et s'arrête. Il cherche dans sa poche et trouve qu'il a juste assez d'argent pour en acheter un. Alors, il l'achète, le mange tranquillement et arrive à l'école en retard de quelques minutes.

Hier matin, ____

____

____

____

____

VI. Thème d'imitation: Traduisez en français.

Last week, John and Roger took a trip (1) to Rheims. They took the train at the Eastern Railroad Station, and arrived at Rheims two hours later. John was hungry, and they went to the lunchroom at the station. After lunch they went through (2) the cathedral (3). Then they saw the cellars (4) where champagne was made (5). There were many bottles (6), thousands (7) of bottles. They returned to Paris, very happy about (8) their trip.

(1) faire un voyage (2) visiter (3) la cathédrale (4) *la cave (5) Lit. one made the wine of champagne (6) la bouteille (7) des milliers de (8) content de*

CONVERSATION 22

Un Rhume

I. Relisez le dialogue dans votre livre, puis complétez les phrases suivantes avec autant de détails possibles.

1. Marie n'était pas chez les Bedel samedi dernier parce que ____________________

____.

2. Voilà les symptômes de son rhume: elle ______________________________________

____.

3. Pour son rhume, elle a pris ____

____.

4. Jean lui conseille de ____

____.

*II. Hier, vous alliez bien, mais aujourd'hui, ça ne va pas du tout. Exprimez cette idée en récrivant les phrases suivantes à l'**imparfait** et en disant le contraire.*

	Aujourd'hui,	Mais hier,
EXEMPLE		
	je me sens très bien.	*je ne me sentais pas très bien.*
1.	je n'ai pas mal à la gorge.	____________________
2.	je ne tousse pas.	____________________

3. je n'ai pas mal à la tête. ____________________

4. je n'ai pas de fièvre. ____________________

5. j'ai faim. ____________________

6. je ne suis pas enrhumé(e). ____________________

7. je ne suis pas fatigué(e). ____________________

8. je vais vraiment bien. ____________________

III. Vous êtes malade. Dites ce que vous ressentez (deux ou trois symptômes) à votre docteur, puis écrivez deux ou trois suggestions que votre docteur vous donne. Utilisez des expressions variées.

1. (la grippe)

   Vous: ____________________

   Le docteur: ____________________

2. (une bronchite)

   Vous: ____________________

   Le docteur: ____________________

3. (la rougeole)

   Vous: ____________________

   Le docteur: ____________________

IV. **Passé composé** *ou* **imparfait**? *Mettez le passage suivant au passé.*

Un jour, Roger et Marie font une longue promenade. Ils marchent dans la neige jusqu'à la nuit. Quand Marie rentre chez elle, elle a froid et elle ne se sent pas très bien. Elle décide que ce n'est rien. Mais comme il fait froid, elle reste chez elle et se couche de bonne heure. Le lendemain, elle tousse et elle a mal à la gorge. Elle téléphone au médecin qui lui conseille de rester au lit et lui recommande de boire beaucoup d'eau.

NOM ____________________ CLASSE ______________ DATE ______________

CONVERSATION 23

À la dernière minute

I. Relisez le dialogue dans votre livre, puis répondez aux questions suivantes.

1. Où est-ce que Marie et sa mère vont ce soir?
2. Qu'est-ce que Mme Bonnier cherche?
3. Pourquoi est-ce qu'elle ne peut pas la trouver?
4. Qu'est-ce que Marie offre de faire?
5. À quelle heure est-ce que Roger vient les chercher?
6. De quelle couleur est la voiture qui s'arrête devant la porte?
7. Qu'est-ce que Marie offre aussi de prêter à sa mère?

II. Ajoutez **beaucoup de** *ou* **trop de** *aux opinions suivantes pour mieux exprimer ce que vous pensez des grandes villes.*

Dans les grandes villes,

EXEMPLE

il y a des gens pressés. *il y a beaucoup de gens pressés.*

1. on entend du bruit. ______________________
2. on voit de la circulation. ______________________
3. il y a des crimes. ______________________
4. il y a de bons restaurants. ______________________
5. on trouve des choses à faire. ______________________
6. il y a de la pollution. ______________________
7. on voit des accidents. ______________________
8. on dépense (*spends*) de l'argent. ______________________

III. Votre camarade de chambre ne peut pas trouver ses affaires. Offrez-lui de lui prêter les vôtres.

EXEMPLE (son short) *Tu veux le mien?*

1. (sa chemise) ______________________
2. (son pantalon) ______________________
3. (ses tennis) ______________________
4. (son pull) ______________________
5. (ses chaussures) ______________________
6. (sa veste) ______________________

NOM ______________________ CLASSE ____________ DATE ______________

IV. Répondez aux questions suivantes en employant un pronom si possible.

1. Est-ce que vous sortez pendant le week-end?

   ____

2. Est-ce que vous aimez aller au cinéma? Avec qui?

   ____

3. Est-ce que vous passez votre temps dans les bars? Pourquoi?

   ____

4. Quand vous allez dans un restaurant chic, qu'est-ce que vous portez?

   ____

5. Le samedi soir, à quelle heure est-ce que vous rentrez en général?

   ____

6. Et le dimanche matin, est-ce que vous faites la grasse matinée? jusqu'à quelle heure?

   ____

Cette coiffure vous va bien.

NOM ______________________________ CLASSE ______________ DATE ______________

GRAMMAR UNIT 17

Possessive pronouns

*I. Vous faites la connaissance d'un(e) nouvel(le) ami(e). Vous lui montrez, donnez ou présentez des choses ou des gens et vous lui demandez de faire de même (*the same thing*).*

EXEMPLE Voici mon adresse. Donne-moi *la tienne*.

1. Voici mon numéro de téléphone. Donne-moi ______________________________.
2. Voici ma photo. Donne-moi ______________________________.
3. Voici mon vélo. Montre-moi ______________________________.
4. Voici ma chambre. Montre-moi ______________________________.
5. Voici mes parents. Présente-moi ______________________________.
6. Voici mes amies. Présente-moi ______________________________.

*II. Votre ami Pierre adore vous imiter. Exprimez cette idée en récrivant les phrases suivantes à la troisième personne du singulier (***il***) et en utilisant des* **pronoms possessifs***.*

EXEMPLE J'ai perdu mes gants. *Lui aussi, il a perdu les siens.*

1. Jai fini mes devoirs. ______________________________
2. J'ai vendu ma bicyclette. ______________________________
3. J'ai perdu mon porte-monnaie. ______________________________
4. J'ai fait mon lit. ______________________________
5. J'ai rangé ma chambre. ______________________________

6. J'ai réparé ma voiture. ______________________________

7. J'ai lavé mes vêtements. ______________________________

8. J'ai oublié mes affaires. ______________________________

*III. Vous parlez à une personne qui est dure d'oreille (*hard of hearing*). Alors, comme vous devez répéter ce que vous dîtes, la deuxième fois vous utilisez un pronom possessif.*

EXEMPLE Cette voiture est à vous?
C'est la vôtre?

1. Cette chaîne-stéréo est à Patrick?

____

2. Cet appareil-photo est à Jeanine?

____

3. Ce vélomoteur est à vous?

____

4. Ces gants sont à vous?

____

5. Cette maison est à Jean et Monique?

____

6. Cet argent est à nous?

____

7. Cette moto est à Michelle et à sa soeur?

____

8. Ces vêtements sont à vous?

____

IV. **L'imparfait.** *Dites ce que les personnes suivantes faisaient quand vous êtes entré(e) dans la salle.*

EXEMPLE Maman/parle au téléphone
Quand je suis entré(e), maman parlait au téléphone.

1. Papa/préparer le dîner

____

2. Ma soeur/lire le journal

____

3. Mon grand-père/manger du chocolat

____

4. Mes deux chats/dormir

____

5. Mon chien/regarder la télé

____

6. Mes deux frères / faire le ménage

____

V. Relisez le poème **Déjeuner du matin** *de* **Prévert** *dans votre livre, puis répondez aux questions suivantes.*

1. Où est le couple dans ce poème?

____

2. Qui parle?

____

3. Qui est **il** par rapport au (*in relation to*) narrateur, à votre avis?

____

4. Décrivez 5 ou 6 choses qu' **il** fait?

____

5. Et pendant ce temps-là, quels sont les sentiments du narrateur? Expliquez en donnant des exemples.

____

6. Qu'est-ce qui se passe à la fin du poème?

____

VI. Thème d'imitation: Traduisez en français.

Yesterday John did not feel very well. He took a walk, and he was cold and (he was) wet when he got home. Roger said to him: "Go to bed (1). I am going to telephone the doctor. It is probably (2) not very serious, but you never can tell (3)". . .Roger telephoned the doctor, who told him to take some aspirin, to drink lots of orange juice, and to stay in bed. Roger took John's temperature and gave him some aspirin. He had a little fever (4) and he had a sore throat. Roger told him to stay in bed and rest. He said: "You will not die of it, but you'll do well to take it easy (5)." Today John is much better. He is going to get up tomorrow morning and go to his laboratory as usual.

____

____

____

____

____

____

____

____

____

____

____

____

____

____

____

(1) Allez vous coucher (2) sans doute (3) on ne sait jamais (4) un peu de fièvre (5) de vous reposer.

NOM ______________________ CLASSE ______________ DATE ______________

CONVERSATION 24

Retour de vacances

I. Relisez le dialogue dans votre livre, puis résumez-le. Dites comment étaient les vacances de Marie, ce qu'elle a fait pour Noël et racontez son voyage de retour en train.

____

____

____

____

____

____

____

II. Posez des questions à vos amis sur leurs vacances de Noël à partir des éléments donnés.

EXEMPLE (passer de bonnes vacances de Noël?)
Est-ce que tu as passé de bonnes vacances de Noël?

1. (passer les vacances de Noël en famille?)

   ____

2. (te faire du bien de revoir ta famille?)

   Est-ce que cela vous a fait du bien de revoir votre famille

3. (faire le veille de Noël / quoi?)

   Que-ce faire

4. (passer la veille du jour de l'An / avec qui / où)

a. ______________________________

b. ______________________________

5. (revenir des vacances / quand?)

Quand est vous revenu de vacances.

6. (s'amuser pendant les vacances?)

Vous est vous amuse pendant les vacances

III. Le passé de ***pouvoir + l'infinitif.*** *Les personnes suivantes n'ont pas pu faire ce qu'elles devaient* (should have) *faire mais elles ont des excuses. Exprimez cette idée en suivant l'exemple comme modèle. Attention au temps de la subordonnée.*

EXEMPLE (Papa / faire les courses / rentrer tard)
Papa n'a pas pu faire les courses parce qu'il est rentré tard.

1. (Jean / prendre le bus / être en retard)

____

2. (Roger et Marie / être à l'heure / rater l'autobus)

____

3. (Moi / faire mes devoirs hier soir / avoir de la fièvre)

____

4. (Toi / venir en classe / neiger ce matin)

____

5. (Nous / aller à la boum / se préparer à un examen)

____

6. (Vous / rentrer de bonne heure / boire trop de bière)

____

NOM ______________________ CLASSE ______________ DATE ______________

IV. Parlez des choses (et des personnes) suivantes de votre point de vue (point of view). *Utilisez le pronom complément qui convient pour vous y référer.*

EXEMPLE **Mon oncle:** (respecter) *Je le respecte.*
(dire tout) *Je ne lui dis pas tout.*

Mon meilleur ami:

(téléphoner) Je lui telephone ______________________

(écrire) Je lui ecris ______________________

(passer du temps avec) ______________________

(allez chez) ______________________

(inviter chez moi) je l'invite chez moi ______________________

Mes frères et sœurs:

(avoir) ______________________

(parler de mes problèmes) ______________________

(demander de l'argent) ______________________

(aller en vacances avec) ______________________

(écouter) ______________________

Mes cours:

(aimer bien) ______________________

(aller régulièrement) j'y vais régulièrement ______________________

(penser) ______________________

(parler avec mes copains) ______________________

Ma voiture (ou ma bicyclette):

(avoir) ______________________

(trouver belle) ______________________

(réparer moi-même) ______________________

(avoir besoin) ______________________

V. Racontez en 30 ou 40 mots des souvenirs de vacances exceptionnelles. Dites quel moyen de transport vous avez utilisé, avec qui et où vous avez passé ces vacances etc. . . .

CONVERSATION 25

Rêves

I. **Le conditionnnel.** *Identifiez ces verbes au conditionnel en donnant leur infinitif.*

EXEMPLE J'achèterais *acheter*

1. Tu ferais faire
2. J'irais Aller
3. Nous voyagerions voyager
4. Vous passeriez passer
5. Ils viendraient venir
6. Elle aurait avoir

II. Relisez le dialogue dans votre livre, puis répondez aux questions suivantes.

1. Qu'est-ce que Jean achèterait, s'il était riche (deux choses)?
   s'il était riche, Jean achèterait un bateau
2. Où irait-il avec son bateau?
   il irait le tour le monde
3. Que ferait-il pendant ses journées dans sa maison?
   Jean achèterait une petit maison au bord de la mer.
4. Qu'est-ce qu'il ferait aussi avec son argent, s'il était riche?
   il viendrait d'abord à l'aide des pauvres et des malheureux.

5. Quels problèmes l'inquiètent?

les problèmes comme [illegible] sur population ou la pollution voi inquiétant.

6. A-t-on besoin d'être riche pour s'engager?

A-t-on besoin d'être riche pour le temps

III. **Appartenir à - être à.** *Insistez sur le fait que les choses suivantes appartiennent aux gens indiqués en répétant ce que vous dites mais en changeant de verbes. Comme dans l'exemple, utilisez les pronoms corrects.*

EXEMPLE Le parapluie / Denise
Ce parapluie lui appartient. Il est à elle.

1. les gants / Paul

2. l'écharpe / moi

3. les chaussures / toi

Ce sont les siens

4. le blue-jean / Suzanne

5. les disques / mes parents

6. la chaîne-stéréo / nous

NOM ______________________ CLASSE ______________ DATE ______________

IV. Vous essayez de travailler mais votre frère vous interrompte toutes les cinq minutes. Réagissez en employant les verbes donnés dans des expressions correctes.

EXEMPLE (embêter) *Tu m'embêtes!* Vous m'ennuyez

1. (en avoir marre) ______________________
2. (en avoir assez) ______________________
3. (se moquer de moi, non?) ______________________
4. (laisser en paix) ______________________
5. (suffire) ______________________
6. (laisser en paix) laissen tranquille
7. (ne. . .pas taquiner) Ne me taquinen pas

*V. Rêvez! Écrivez un paragraphe de 30 ou 40 mots où vous dites ce que vous ferez si vous gagnez (win) un million de dollars à la loterie. Utilisez le **futur**.*

Si je gagne un million de dollars à la loterie, je ______________________

NOM ______________________________ CLASSE ____________ DATE ______________

GRAMMAR UNIT 18

The conditional and pluperfect tenses

I. Rêvons! Dites ce que nous ferions tous si nous étions en vacances en mettant les verbes entre parenthèses au ***conditionnel.***

Si nous étions en vacances,

EXEMPLE (moi / se lever à midi)
Je me lèverais à midi

1. (Toi / faire la grasse matinée aussi)

   Toi ferais ________________________________

2. (Nous / prendre des bains de soleil pendant des heures)

   ____

3. (Martine / déjeuner avec Guillaume une fois de temps en temps)

   ____

4. (Denis et Henri / rendre visite à leur grands-parents)

   ____

5. (Vous / aller à la plage tous les jours)

   ____

6. (Moi / être de bonne humeur)

   ____

7. (Mes parents / avoir le temps de voyager)

   ____

8. (Le prof / finir sa thèse [*thesis*])

____

9. (Toi / lire un bon roman)

____

*II. Dites ce qui arriveraient en employant les choix de la colonne **C** aux personnes de la colonne **A** si elles faisaient les actions de la colonne **B.** Imitez le modèle.*

A	**B**	**C**
Je	se promener	avoir le temps
Nous	avoir de bonnes notes	faire beau
Vous	maigrir	travailler moins / plus
Mes parents	être plus satisfait	réussir aux examens
Tu	prendre des vacances	être riche
Jacques	savoir faire du basket	se reposer
	aller en Europe	s'amuser moins / plus
	venir à l'aide des pauvres	faire du sport
	voir le monde	acheter une voiture
		avoir un petit avion
		aller au stade souvent

EXEMPLE *Je me promènerais, s'il faisait beau.*

1. ____
2. ____
3. ____
4. ____
5. ____
6. ____
7. ____
8. ____

NOM ______________________ CLASSE ______________ DATE ______________

III. **Quand** et **si**. *Complétez les phrases suivantes. Employez le temps qui convient.*

1. Quand j'irai au Japon, ______________________
2. Si nous allons à Paris, ______________________
3. Si ma meilleure amie était riche, ______________________
4. Sylvie se mariera quand ______________________
5. Tu ne travaillerais plus si ______________________
6. Je m'achète des vêtements quand ______________________

IV. Répétez ce que vous avez entendu dire sur les projets de vos amis hier soir à une boum. Suivez le modèle.

EXEMPLE LUCIEN: J'achèterai une Mercédès.
Lucien a dit qu'il achèterait une Mercédès.

1. SUZANNE: J'irai en France cet été.

   ____

2. MARC: Mes amis et moi, nous ferons le tour du monde.

   ____

3. ANTOINE ET HÉLÈNE: Nous prendrons le Concorde pour la première fois.

   ____

4. OLIVIER ET JACQUELINE: Nous nous marierons.

   ____

5. THÉRÈSE: Je pourrai enfin partir pour la Chine.

   ____

V. Le plus-que parfait. *Mettez les phrases suivantes au* **passé composé** *ou au* **plus que parfait** *selon le cas.*

1. Ce matin, je ______________________ la viande sur la table.
   (mettre)

   Quand je ______________________, mon chat la ______________________.
   (revenir) (manger)

2. Nous ______________________________ notre train hier parce que tu nous
(rater)

______________________________ qu'il était à 10h32.
(dire)

3. Hier, Nicole ______________________________ à la pharmacie. Avant ça, elle
(aller)

______________________________ voir son docteur.
(aller)

4. L'été dernier, vous ______________________________ vos vacances à Hawaï, mais
(passer)

l'été d'avant, vous ______________________________ la Grèce.
(visiter)

*VI. Décrivez en 5 ou 6 phrases l'époux (*husband*) ou l'épouse (*wife*) idéal(e). Utilisez le* **conditionnel.**

EXEMPLE *Il serait intelligent . . . Il aimerait voyager . . .*

____

____

____

____

____

____

NOM ____________________ CLASSE ____________ DATE ______________

VII. Thème d'imitation: Traduisez en français

Today is Christmas Day. After Midnight Mass, John and Roger went to the Christmas Eve party (1) at the Browns. On the table there was a beautiful turkey (2). John likes turkey very much. He thought the turkey was delicious (3). There was lots of wine, red and white (4), and plenty of champagne.

John and Roger got home at four o'clock in the morning! When John woke up at noon, he said to Roger. "Santa Claus (5) brought me a good headache (6). But that doesn't make any difference. I had a very good time. The Browns are very nice and their turkey was excellent, wasn't it?"

Après la messe de m

(1) *to go to the Christmas Eve party:* aller faire le réveillon (2) une dinde (3) il a trouvé cette dinde délicieuse (4) du rouge et du blanc (5) *Santa Claus:* le père Noël (6) un bon mal de tête.

NOM ________________ CLASSE ____________ DATE ____________

CONVERSATION 26

Le Mariage d'une cousine

I. Relisez le dialogue dans votre livre, puis répondez aux questions suivantes.

1. Qu'est-ce que Marie a?

   elle n'a rien du tout.

2. Pourquoi a-t-elle l'air déprimé?

   elle n'a l'air triste elle pense à Jeanne.

3. Qui est Jeanne? Où habite-t-elle?

   C'est d'une de ses cousins de Marie elle habite à Reims

4. Est-ce que Marie a déjà parlé d'elle à Roger?

   Oui Marie a déjà parlé d'elle à Roger.

5. Marie a reçu une lettre de qui? Quelle est la nouvelle?

   Marie vient de recevoir une lettre de sa tante Clementine

6. Pourquoi est-ce que ça déprime Marie?

   elle ne pourra pas aller au mariage de Jeanne.

7. Avec qui est-ce que Jeanne va se marier?

   Jeanne va se marier avec un architecte

8. Est-ce que Marie le connaît?

   Marie le connaît quand il avait dix ans.

II. **Quelque chose - rien.** *Répondez négativement aux questions suivantes.*

1. Avez-vous acheté quelque chose hier?

   No je n'acheté quelque chose hier.

2. Avez-vous envoyé quelque chose à votre mère pour son anniversaire?

   No je n'envoyé quelque chose à mon mère pour son anniversaire

3. Avez-vous reçu quelque chose pour le vôtre?

   No je ne reçu quelque chose pour le vôtre.

4. Avez-vous perdu quelque chose aujourd'hui?

   No je ne perdu quelque chose aujourd'hui

5. Avez-vous trouvé quelque chose dans la rue aujourd'hui?

   No. je ne trouvé quelque chose dans la rue aujourd'hui

6. Avez-vous fait quelque chose d'intéressant hier soir?

   No je ne fait quelque chose d'interessant hier soir

III. **Penser à.** *Dites que vous pensez aux personnes ou aux choses suivantes. Utilisez le pronom qui convient.*

EXEMPLE (à votre père) *Je pense à lui.*
(à votre travail) *J'y pense.*

1. (à vos frères et sœurs) Je pense à nous
2. (à vos examens) ______
3. (à vos problèmes) ______
4. (à la politique internationale) Je pense à la
5. (à votre petit(e) ami(e)) Je pense à lui
6. (aux questions religieuses) Je pense à leur
7. (à la faim dans le monde) ______
8. (aux gens pauvres) ______

NOM ______________________________ CLASSE ______________ DATE __________________

IV. **Penser de.** *Votre ami vous demande votre opinion sur les personnes ou sujets suivantes. Écrivez la question qu'il vous pose en employant le pronom qui convient, puis* **répondez** *à sa question à votre guise (as you wish).*

EXEMPLE (de ma voiture) *Qu'est-ce que tu en penses?* (de ma cousine) *Qu'est ce que tu penses d'elle?*

V. Écrivez une petite histoire de 30 à 40 mots avec le vocabulaire donné.

la tante - avoir lieu - avoir quelque chose - avoir l'air - faire plaisir - penser - en effet - jaloux - déprimé

Je n'ai l'air triste quand mon tante
fait plaisir hier soir. Elle dit moi
que je pense de à visite Chicago, IL.
C'est dommage, en effet parsque mon
mere est jaloux de mon tante qui
arrive la semaine prochaine. Quand
le mariage de mon cousine a lieu.

NOM ______________________________ CLASSE ______________ DATE ________________

GRAMMAR UNIT 19

Interrogative pronouns

I. **Qui / qui est-ce qui**? *Vous entrez chez vous et vous voyez un désastre. Indigné(e), vous demandez qui a fait tout ça.*

EXEMPLE casser la lampe *Qui est-ce qui a cassé la lampe?*

1. laisser ses vêtements par terre
   ____
2. manger tout le pain
   ____
3. renverser le lait
   ____
4. faire sortir le chien
   ____
5. boire toute la bière
   ____

II. **Qui est-ce que** ou **qu'est-ce que**? *Complétez les questions suivantes avec le pronom interrogatif qui convient.*

1. ____ tu dis? Rien.
2. ____ vous voulez? Du pain.
3. ______________________________________ Nancy aime? Jean.
4. ________________________________ nous allons rencontrer? Des copains.

5. ______________________________ tu fais demain? Du tennis.

6. ______________________________ vous avez vu hier? Ma grand-mère.

III. **Qui est-ce qui** *ou* **qu'est-ce qui**? *Écrivez les questions qui correspondent aux réponses données.*

1. ______________________________

   Mes parents m'inquiètent.

2. ______________________________

   Le tennis m'intéresse.

3. ______________________________

   Mon (ma) petit(e) ami(e) me rend heureux (heureuse).

4. ______________________________

   Les examens me rendent nerveux.

5. ______________________________

   Rien me déprime.

6. ______________________________

   Les gens snobs m'ennuient.

NOM ______________________________ CLASSE ______________ DATE ________________

IV. Votre ami Luc vous parle, Comme vous êtes préoccupé(e) par vos problèmes, vous n'entendez pas tout ce qu'il dit et vous le forcez à se répéter.

EXEMPLE Luc: Je suis sorti avec Joselyn hier soir.
Vous: Quoi? *Avec qui est-ce que tu es sorti?*

1. Luc: J'ai parlé à des copains au bar.

   Vous: Quoi? ______________________________

2. Luc: Je leur ai parlé de mes vacances en France.

   Vous: Quoi? ______________________________

3. Luc: J'avais besoin de leur voiture.

   Vous: Quoi? ______________________________

4. Luc: Puis, je suis rentré pour regarder un bon programme à la télé.

   Vous: Quoi? ______________________________

5. Luc: Je suis rentré avec Joselyn.

   Vous: Quoi? ______________________________

6. Luc: Mais je pensais à Danielle.

   Vous: Quoi? ______________________________

7. Luc: Alors, plus tard, j'ai écrit un poème pour Denise.

   Vous: Quoi? ______________________________

V. Thème d'imitation: Traduisez en français.

Louis XIV is doubtless the most famous (1) of the kings of France. He was born in 1638 and he died in 1715. He had an enormous château built at Versailles. For (2) more than forty years the best artists (3) of the seventeenth century worked at Versailles. The magnificent rooms of the château, the long walks of the park, the beautiful gardens, everything gives an impression of splendor. It is at Versailles that one understands why they called Louis XIV the Sun-King (4).

____

____

____

____

____

____

____

____

____

____

____

____

____

____

____

(1) célèbre (2) pendant (3) artistes (4) le Roi-Soleil

NOM ______________________ CLASSE ______________ DATE ______________

CONVERSATION 27

Au commissariat de police

I. Relisez le dialogue dans votre livre, puis répondez aux questions suivantes.

1. À qui est-ce que Jean parle? Pourquoi?

   ____

2. Où est-ce que la conversation a eu lieu?

   ____

3. Quand est-ce que l'accident a eu lieu?

   l'accident a eu lieu la veille

4. Qui a été blessé au cours de l'accident?

   Le chauffeur a été blessé au cours de l'accident.

5. Où est-ce que Jean était au moment de l'accident?

   ____

6. Pourquoi est-ce que la chaussée était glissante?

   ____

7. Pourquoi est-ce que le docteur Lambert n'a pas pu s'arrêter à temps?

   ____

8. À quelle vitesse est-ce que le camion allait quand l'accident a eu lieu?

   ____

9. Donc, l'accident est la faute du docteur Lambert ou ~~du conducteur d~~e camion?
   celle de chauffeur

   ____

10. Ce que Jean vient de dire est ~~en accord~~ avec les autres renseignements, n'est-ce pas?
    concord

    ____

II. **Venir de + l'infinitif.** *Dites ce que les personnes suivantes viennent de faire.*

EXEMPLE Moi / acheter le journal *Je viens d'acheter le journal.*

1. Nous / aller à la pharmacie ______________________________
2. Corine / laver la voiture ______________________________
3. Les voisins / faire les courses ______________________________
4. Vous / toucher un chèque ______________________________
5. Toi / faire le plein ______________________________
6. Moi / avoir un accident ______________________________

III. Complétez la petite histoire suivante avec logique.

Hier, je suis allé à la banque pour ____________________ un chèque. Puis, comme je n'avais plus beaucoup d'essence, je ____________________ de ma voiture. J'avais aussi des vêtements sales (dirty), alors je les apportés au ____________________. En chemin, j'ai été ____________ ____________ d'un accident affreux qui ____________________ sur la place de l'Église. Une voiture est rentrée dans un ____________ ____________ qui allait trop ____________________ (40 ____________________ à l'heure) et qui n'a pas pu ____________ ____________ à temps. On a dû transporter ____________________ à l'hôpital. D'après moi, c'était ____________________ du chauffeur de ____________________.

IV. En 30 à 40 mots, racontez ou imaginez que vous avez été témoin d'un accident. Dites où, quand, comment, pourquoi l'accident a eu lieu et parlez de la victime et des témoins. Employez ce vocabulaire utile.

arriver — s'arrêter — avoir lieu — venir de — ennuyer — la limite de vitesse — aller (trop) vite — l'ivresse — blessé(e) — la victime — la commissaire de police — la faute — les témoins

NOM ______________________________ CLASSE ____________ DATE ______________

CONVERSATION 28

Chez l'horloger✦

I. Relisez le dialogue dans votre livre, puis résumez-le en complétant ce paragraphe.

Aujourd'hui, Marie va ______________________________ parce qu'elle __________ ____________________. Elle l'a achetée ______________________________. La montre ne marche plus parce que ______________________________ mais heureusement, il s'agit ______________________________. La montre ne sera pas prête avant ______________________________ parce que l'horloger devra ____________. ____________________. Marie reviendra donc la chercher De mardi en huit.

II. Écrivez des phrases complètes à partir des verbes donnés.

EXEMPLE Faire réparer . . .
Hier, j'ai fait réparer ma bicyclette qui ne marchait pas bien.

1. Faire réparer . . .

   ____

2. Faire construire . . .

   ____

3. Faire venir . . .

   ____

4. Faire nettoyer . . .

   ____

5. Faire tomber . . .

   ____

III. Répondez à ces questions personnelles. Utilisez un pronom quand c'est possible.

1. Est-ce que vous portez des lunettes?

   ____

2. Est-ce que vous les nettoyez souvent?

   ____

3. Est-ce que vous avez une montre? Quelle est la marque de votre montre?

   ____

4. Est-ce que vous l'avez jamais cassée? Comment?

   ____

5. Est-ce que vous avez une pendule chez vous? Et un réveil-matin?

   ____

6. Est-ce qu'il marche bien?

   ____

7. Est-ce que vous l'avez jamais laissé tomber?

   ____

IV. Mettez le passage suivant au passé en employant ***l'imparfait, le passé composé, le plus-que-parfait*** *ou* ***le conditionnel,*** *selon le cas.*

BIRTHDAY

Un jour Marie laisse tomber sa montre. Elle est très inquiète car c'est une bonne petite montre que sa mère lui a donnée pour son anniversaire. Quand elle la ramasse (*pick-up*), la montre ne marche plus. De plus en plus inquiète, elle va chez l'horloger et lui explique ce qui s'est passé. L'horloger ouvre la montre, prend sa loupe (*magnifying glass*) et regarde à l'intérieur. Il remarque que le ressort est cassé. Il demande à Marie où elle a acheté sa montre car il n'a jamais vu une montre de cette marque avant. Marie dit que c'est une montre américaine et lui demande s'il pourra la réparer quand même. L'horloger dit qu'il commandera le ressort dont il a besoin aujourd'hui même, qu'il le recevra dans quelques jours et que Marie pourra revenir mardi en huit.

plus tard

AU PAR AVANT

GRAMMAR UNIT 20

Relative pronouns

I. ***Qui** ou **que?** Joignez les deux phrases par un pronom relatif et faites les changements nécessaires.*

EXEMPLE Je prendrai le train. Le train part à midi.
Je prendrai le train qui part à midi.

1. J'ai écrit un article. Cet article est très intéressant.
   J'ai écrit un article qui est très intéressant.
2. Nous allons chez des amis. Ils sont Québéquois.
   Nous allons chez des amis qui sont Québéquois
3. J'ai apporté chez l'horloger ma montre. J'ai cassé ma montre.
   J'ai apporté chez l'horloger la montre que j'ai cassée
4. Je vais te montrer les vêtements. J'ai acheté ces vêtements hier.
   Je vais vous montrer les vêtements que j'ai achetés hier
5. Tu connais cet homme. Il a l'air inquiet.
   Vous connaissez cet homme qui a l'air inquiet.
6. Voilà la voiture. Je voudrais cette voiture.
   Voilà la voiture que je voudrais.
7. L'autobus s'arrête ici. L'autobus est à 3h25.
   L'autobus s'arrête ici qui est à trois heures et vingt-cinq.

L'étudiante est en retard. J'ai vu l'étudiante

L'étudiante que j'ai vue est en retard.

II. **Qui, que** *ou* ***dont****?*

1. Voilà le livre __________ je viens de lire.

   __________ m'intéresse.

   __________ je t'ai parlé.

   __________ nous avons discuté en classe.

   __________ Paul veut acheter.

2. C'est le jeune homme __________ m'a invitée l'autre soir.

   __________ j'aime.

   __________ je veux te présenter.

   __________ a été témoin de l'accident.

   __________ nous avons parlé.

3. Tu parles de l'incident __________ tu as été témoin.

   __________ tu as observé.

   __________ les journaux ont parlé.

   __________ a eu lieu près de chez toi.

   __________ est arrivé hier matin.

NOM ______________________ CLASSE ______________ DATE ______________

*III. Nommez (*Name*) le jeune homme ou la jeune fille qui joue un rôle dans votre vie. Suivez le modèle.*

EXEMPLE aller à la plage avec?
Guy est le jeune homme avec qui je vais à la plage.

1. aller au cinéma avec?
   Guy est le jeune homme avec qui je vais au cinéma
2. dîner chez?
   Guy est le jeune homme avec que je dine chez
3. faire une promenade avec?
   ____
4. acheter un pull pour?
   ____
5. écrire à?
   ____
6. sortir avec?
   ____
7. habiter près de chez?
   ____

IV. ***Une préposition*** *+* ***lequel*** *ou* ***qui****? Suzanne vous montre l'endroit où elle travaille. Complétez les phrases avec la préposition et le pronom relatif qui convient.*

EXEMPLE Voici Monsieur Chantier <u>avec qui</u> je travaille.

1. Voilà le bureau ou dont je travaille.
2. Voilà l'article sur laquelle je travaille.
3. Voilà les collègues avec qui je travaille.
4. Voilà le ~~journal~~ Bâtiment sur lequelle je travaille.
5. Voilà l'ordinateur (computeur) ou avec lequel je travaille.
6. Ça, c'est la méthode avec lequel je travaille.
7. Mme Grand est le ~~boss~~ chef de bureau avec qui je travaille.
8. Je sais la raison pour lequel je travaille ici.

V. Vous étiez là quand l'accident a eu lieu mais vous n'avez vraiment rien vu. Quand la police vous pose des questions, vous répondez toujours que vous ne savez pas.

EXEMPLE La police: A quelle vitesse allait le camion?
Vous: *Mais je ne sais pas à quelle vitesse le camion allait!*

1. La police: D'où venait le camion?

   Vous: ____________________
2. La police: À quelle vitesse allait la voiture rouge?

   Vous: ____________________
3. La police: Quelle heure était-il?

   Vous: ____________________
4. La police: Combien de gens y avait-il dans la rue?

   Vous: ____________________
5. La police: Est-ce que le conducteur du camion portait des lunettes?

   Vous: ____________________
6. La police: A qui le conducteur a-t-il parlé?

   Vous: ____________________

VI. ***Ce qui*** *ou* ***ce que****? Henri ne sait et ne comprend jamais rien. Complétez les phrases suivantes avec le pronom relatif qui convient pour exprimer cette idée.*

1. Il ne sait pas __Ce Qui__ est arrivé à son frère hier.
2. Il ne sait pas __Ce Qui__ il y a dans le frigo.
3. Il ne sait pas __Ce Que__ nous voulons pour le dîner.
4. Il ne sait pas __Ce qui__ il doit acheter comme dessert.
5. Il ne sait pas __Ce Qui__ rend Marie triste.
6. Il ne sait pas __Ce Qui__ déprime sa mère non plus.

VI. ***Récapitulation des pronoms relatifs.*** *Complétez la petite histoire suivante avec le pronom relatif qui convient.*

Ce matin, je vais voir Danielle, une amie ____________ vient de s'acheter une nouvelle voiture. Elle s'est acheté la voiture ____________ son père avait depuis longtemps et ____________ elle avait très envie. La maison ____________ elle habite, est à elle. C'est une maison ____________ est très ancienne et ____________ je trouve très belle. Elle vit avec Olivia, une jeune fille ____________ elle loue une chambre et ____________ j'aime beaucoup. Je la trouve très sympathique et très intelligente et, comme moi, ____________ l'intéresse, c'est la philosophie grecque. Elle étudie à la Sorbonne (la fac de Paris) et le professeur ____________ elle travaille a écrit beaucoup de livres ____________ sont célèbres. ____________ ennuie un peu Danielle, c'est qu' Olivia fume beaucoup, mais ____________ elle veut avant tout, c'est vivre (*to live*) avec une personne sympathique ____________ elle peut parler des choses intéressantes.

VII. Thème d'imitation: Traduisez en français.

Yesterday, Roger told John that there was a good film at the cinéma Martignan. He asked him if he wanted to go to see it. It was an American film which John had already seen in the United States. But he gladly accepted Roger's invitation. John thought (1) that the film was in English. He was very surprised (2) when he heard Hollywood actors and actresses talking (3) French perfectly (4) and with the best accent.

Hier Roger devait (a du) John que
était (a été) un bon film au cinéma
de Martignan. Il le demande si il voulait
(a voulu) aller le voir. Il était (a été)
un film Americain qui John déjà voyait
(a vu) en Etais Unis. Mais il acceptait
(a accepté) volontiers la invitation de Roger.
John croyait que le film était en Anglais
Il a été très surpris quand il entendait
acteurs et les actrices de Hollywood parlaient
Français parfaitement et avec le accent
meilleur.

(1) croyait (2) il a été très surpris (3) parler (4) parfaitement

GRAMMAR UNIT 21

Demonstrative pronouns

I. Vous êtes dans un magasin de vêtements. Répondez aux questions de la vendeuse en utilisant les renseignements donnés et le pronom démonstratif qui convient.

EXEMPLE Quelle écharpe voulez-vous?
(en laine) *Celle qui est en laine.*

1. Quel manteau désirez-vous?

   (bleu marine) ______________________________
2. Quels gants voulez-vous acheter?

   (noirs) ______________________________
3. Quel pull-over aimez-vous?

   (en laine rouge) ______________________________
4. Quel blue-jean vous va?

   (sur la table) ______________________________
5. Quelles chaussettes voulez-vous?

   (en coton) ______________________________

II. Vous êtes vendeur ou vendeuse dans un magasin chic. Vous montrez différents articles à un client et vous en décrivez la qualité ou l'origine.

EXEMPLE des robes de Paris ou de Londres.
Celles-ci sont de Paris et celles-là sont de Londres.

1. des écharpes des Indes ou d'Irelande

   ____

2. des montres de Suisse ou de Belgique

____

3. des pulls en laine ou en coton

____

4. des blue-jeans américains ou français

____

5. une cravate faite à la machine ou faite à la main (*hand-made*)

____

6. un chemisier sport ou chic

____

III. Vous parlez à un ami qui veut savoir comment s'appellent les membres de votre famille. Alors vous lui demandez d'être plus précis. Suivez le modèle.

EXEMPLE Votre ami: Comment s'appelle ta sœur? (à Paris)
Vous: *Laquelle? Celle qui habite à Paris?*

1. Votre ami: Comment s'appelle ton frère? (à Rouen)

   Vous: ____
2. Votre ami: Comment s'appelle ta grand-mère? (en Belgique)

   Vous: ____
3. Votre ami: Comment s'appelle ton oncle? (en Afrique)

   Vous: ____
4. Votre ami: Comment s'appellent tes cousines? (en Floride)

   Vous: ____
5. Votre ami: Comment s'appelle ta tante? (au Mexique)

   Vous: ____
6. Votre ami: Comment s'appellent tes cousins (en Allemagne)

   Vous: ____

IV. Un copain vous aide à ranger la maison de vos parents pour une boum. Répondez affirmativement à ses questions.

EXEMPLE C'est bien la cravate de ton père, non?
Oui, c'est celle de mon père.

1. C'est bien le sac à dos de ta sœur, non?

____

2. C'est bien la pipe de ton père, non?

____

3. Ce sont bien les chaussures de ta mère, non?

____

4. Ce sont bien les gants de ta soeur, non?

____

5. C'est bien l'imperméable de ton frère, non?

____

6. C'est bien la robe de ta soeur, non?

____

7. Ce sont bien les livres de ton père, non?

____

V. Donnez votre opinion sur les sujets suivantes et finissez les phrases d'après le modèle.

EXEMPLE Entre la musique de *Ravel* et la musique de *Chopin, je préfère celle de Chopin.*

1. Entre les romans de ______________ et les romans de ______________,

____

2. Entre les films de ______________ et les films de ______________,

____

3. Entre les pièces de théâtre de ______________ et les pièces de théâtres de

____,

____

4. Entre les œuvres de ________________ et les œuvres de ________________,
____

5. Entre les chansons de ________________ et les chansons de
________________, ____
____

6. Entre les tableaux de ________________ et les tableaux de
________________ ____
____

NOM ______________________ CLASSE ______________ DATE ______________

CONVERSATION 29

Excursion à la campagne

Romano
Jon
Jo Ann
Nan T.
Michael
Gunta
Dagmar
Susanne

Comment dites on

I. Relisez le dialogue dans votre livre, puis répondez aux questions suivantes.

1. Où est-ce que Jean et Roger vont?
   Ils vont à Fontainebleau.
2. Comment voyagent-ils?
   Ils vont à vélo
3. Il y a combien de temps qu'ils ont quitté Melun?
   Il y a deux heures
4. Pourquoi est-ce que Jean commence à avoir mal aux jambes?
   Parce que Jean presque deux heures que il quitté Melun.
5. Est-ce qu'ils sont tous les deux sur la bonne route?
   Non ils se sont trompé de route trompé (de route)
6. À qui est-ce que Jean demande des renseignements?
   Un homme qui travaille dans son champ.
7. Qu'est-ce que Roger lui demande?
   Il dit lui est-ce que nous sommes loin de Fontainebleau?
8. Ils sont près de quel village?
   No, ils se sont trompés de route
9. Quelle route faut-il prendre à la sortie du village?
   le premier chemin à gauche.
10. Fontainebleau est à quelle distance de Barbizon?
    C'est à sept ou huit kilomètre

II. Dites comment vous vous sentez. Complétez les phrases suivantes logiquement avec une variété d'expressions avec ***avoir.***

EXEMPLE J'ai marché toute la journée et *j'ai mal aux pieds.*

1. Il fait très chaud et il fait très soit.
2. J'ai fait du français toute la soirée et j'ai très fatigue
3. Je n'ai rien mangé depuis ce matin et j'ai faim.
4. Tiens! Voilà un Coca! Tant mieux parce que j'ai fait très soif.
5. J'ai un gros rhume et j'ai fait mal de tête.
6. Il neige et ~~il n'y a pleur.~~ je froid
7. Quand je suis nerveux (nerveuse), je parle trop vite
8. J'ai fait 3 heures de vélo et j'ai avoir mal aux jambes

III. Répondez aux questions suivantes.

1. Il y a combien de temps que vous habitez dans votre ville?
   j'habite trois ans ici.
2. Il y a combien de temps que vous suivez des cours dans cette université?
   je suive des cours dans cette université deux ans.
3. Depuis quand étudiez-vous le français?
   Depuis mil-neuf-huit-neuf
4. Depuis combien de temps êtes-vous dans ce cours?
   Depuis deux mois.
5. À quelle heure est-ce que vous avez quitté la maison ce matin?
   j'a quitté la maison ce matin a sept heures.
6. Est-ce que vous êtes parti(e) sans prendre votre petit déjeuner?
   il faut neuf heures sans

vingt quatre

A vos souhaitte
je vous souhaite
félicitations à la cuisinière
compliments to the chef.

NOM ______________________ CLASSE ____________ DATE ____________

IV. Mettez le paragraphe suivant au passé. Employez ***l'imparfait, le passé composé*** *ou* ***le plus-que-parfait,*** *selon le cas.*

Roger et Jean décide un jour d'aller voir des cousins de Roger qui habitent à la campagne, dans le voisinage de Fontainebleau. Le lendemain, ils se lèvent de bonne heure et vont par le train jusqu'à Melun. Là, ils louent des bicyclettes et continuent leur voyage. C'est une belle journée de printemps, le ciel est bleu, le soleil brille (*is shining*). Tout à coup (*All of a sudden*), Roger annonce qu'ils ont sans doute pris la mauvaise route. ‹‹Où sommes-nous?›› demande-t-il à Jean. Jean répond, non sans raison, qu'il est en France depuis quelques mois, qu'il n'est jamais allé voir les Deschamps, et que si Roger ne sait pas où il est, lui, Jean le sait encore moins que lui . . . Un homme qui travaille dans son champ, et à qui Roger demande des renseignements, finit par les mettre sur la bonne route. L'homme ajoute (*adds*) qu'il fait chaud, que la route est longue et il leur conseille de s'arrêter au petit café du village, d'autant plus que (*all the more so since*) c'est sa femme qui le tient. Même si le conseil est quelque peu intéressé, les deux amis en profitent volontiers.

GRAMMAR UNIT 22

Irregular verbs in -er and -ir

I. Complétez les phrases suivantes avec les verbes indiqués et au temps qui convient.

1. (s'en aller) Au revoir Maman. Je ______________________________.
2. (aller) Demain, nous ______________________________ sûrement à la plage.
3. (envoyer) Thierry ______________________________ toujours des fleurs à sa mère pour son anniversaire.
4. (envoyer) Dans un mois, je ______________________________ ma fille en France.
5. (partir) À quelle heure est-ce que le train ______________________________?
6. (sortir) Hier soir, je ______________________________ avec un ancien ami.
7. (se sentir) Comment ______________________________ -vous maintenant?
8. (servir) Quand j'étais petite, ma mère ______________________________ le dîner à 7h tous les jours.
9. (s'endormir) Est-ce que tu ______________________________ facilement en général?
10. (venir de) Laure ______________________________ de partir.
11. (revenir)Est-ce que vous ______________________________ me voir cet été?
12. (tenir) Autrefois, c'est Mme Rouet qui ______________________________ le petit restaurant d'en face.
13. (prévenir) Je vous ______________________________ s'il y a un accident.

14. (ne pas souffrir) Il ______________________ avant de mourir.

15. (offrir) Qu'est-ce que tu ______________________ à Noël prochain?

*II. Toute le maisonnée (household) a une liste de choses à faire avant de partir en vacances. Formez les questions que votre mère vous pose pour s'assurer (insure) que tout est en ordre. Utilisez le **passé composé**.*

EXEMPLE Philippe-aller faire les provisions?
Est-ce que Philippe est allé faire les provisions?

1. Toi / ouvrir les fenêtres de la maison?

____

2. Vous / prévenir la poste de notre absence?

____

3. Hélène et Benoît / se servir de da la voiture hier?

____

4. Papa / bien dormir?

____

5. Lucie / s'endormir sans problème hier soir?

____

6. Grand-mère / venir chercher le chat?

____

7. Toi / couvrir les meubles?

____

8. Philippe / envoyer des fleurs à Tante Nicole?

____

III. Toutes les personnes suivantes adorent leur routine. Vous pouvez donc sans problème prédire (predict) ce qu'ils feront demain. Pour cela, mettez les phrases suivantes au **futur**.

EXEMPLE Maman dort jusqu'à 9h.
Donc demain, elle dormira jusqu'à 9h.

1. Vincent ne s'en va pas avant 10h.

   ____

2. Moi, je sors à 9h15.

   ____

3. Bernard et Henri se sentent en forme le matin.

   ____

4. Lionel n'ouvre pas le restaurant avant midi.

   ____

5. Papa revient toujours à 6h30.

   ____

6. Alain et Michelle, eux, ne viennent pas dîner avec nous.

   ____

IV. Thème d'imitation: Traduisez en français.

In the United States, children ride bicycles; then when they are sixteen years old, most young Americans drive (1) a car. But in Europe, there are still (2) many people who ride bicycles or motorcycles. The distances are not so great, the roads are excellent, and if you choose country roads (3) where there are not too many cars, it is very pleasant to travel by bicycle. You (4) see many interesting things in the villages, you can stop where you wish and when you wish. Of course you have to have (5) good legs! But with a little practice (6), you can do fifty or seventy-five kilometers without needing to go to the doctor . . . .

(1) conduire (2) toujours (3) le chemin (4) *use* **vous** *in this passage. To repeat* **on** *so many times would sound awkward (5) Use* **il faut** + *infinitive (6) practice:* l'habitude

CONVERSATION 30

À la ferme

I. Relisez le dialogue dans votre livre, puis répondez aux questions suivantes.

1. Où est-ce que Jean et Roger arrivent?

   ____

2. Est-ce que Mme Deschamps attendait (expected) leur arrivée?

   ____

3. Pourquoi est-ce que Jean et Roger ont décidé de venir la voir?

   ____

4. Quand est-ce que qu'ils vont repartir?

   ____

5. Le lendemain, qu'est-ce que Roger voit au bord de la route?

   ____

6. Est-ce que Roger dit à Jean de ramasser tous les champignons qu'il voit? Pourquoi pas?

____

II. A. Vous êtes dans votre cuisine. Dites 2 ou 3 choses qui se trouvent dans ou sur les endroits suivants.

EXEMPLE Dans le frigo, il y a *du lait, des légumes et du fromage.*

1. Dans le buffet, il y a ____

2. Sur la table, il y a ____

3. Dans un des tiroirs, il y a ______________________________

4. Dans le placard, il y a ______________________________

B. Maintenant vous venez d'entrer dans votre chambre. Dites où vous avez mis les choses suivantes. Utilisez des pronoms, différents meubles et une variété d'epressions de lieu (comme ***sous, sur, dans, etc.****).*

EXEMPLE Vos cahiers *Je les ai mis sur mon bureau.*

1. Votre manteau ______________________________
2. Votre sac à dos ______________________________
3. Vos livres ______________________________
4. Vos chaussures ______________________________
5. Vos pulls ______________________________
6. Les coussins ______________________________

NOM ______________________________ CLASSE ______________ DATE ________________

III. Votre petit frère vous irrite parce qu'il vous demande toujours des choses évidentes. Répondez-lui en employant l'adverbe de la liste qui convient.

là-dessus — là-dessous — là haut — là-dedans — là-bas

EXEMPLE Votre frère: Est-ce que mon pantalon est dans cette armoire?
Vous: *Mais oui! Il est là-dedans!*

1. Votre frère: Est-ce que mes crayons sont dans le tiroir?

   Vous: ____

2. Votre frère: Est-ce que maman est au premier étage?

   Vous: ____

3. Votre frère: Est -ce que mes chassures sont sous mon lit?

   Vous: ____

4. Votre frère: Est-ce que ma chemise est dans le placard?

   Vous: ____

5. Votre frère: Est-ce que ma radio est sur la table?

   Vous: ____

6. Votre frère: Est-ce que le journal est près de la télé?

   Vous: ____

IV. Avec les verbes suivantes (et d'autres verbes), racontez ou inventez, en 40 ou 50 mots, une excursion que vous avez fait avec un(e) ami(e).

partir — profiter — repartir — ramasser — rapporter — apercevoir — rencontrer — valoir mieux

____

____

____

____

____

____

____

____

____

NOM ______________________ CLASSE ____________ DATE ____________

GRAMMAR UNIT 23

Irregular verbs in -re

I. Vous cherchez des camarades de chambre. Deux personnes que vous ne connaissez pas bien viennent vous voir. Comme vous voulez connaître leurs petites habitudes, vous leur posez des questions. Employez les verbes donnés.

EXEMPLE avoir des heures régulières

Est-ce que vous avez des heures régulières?

1. faire le ménage régulièrement

   ____

2. lire le journal le matin

   ____

3. boire de la bière tous les samedis

   ____

4. dire la vérité

   ____

5. mettre vos affaires en ordre

   ____

6. se plaindre de la vie universitaire

   ____

7. prendre des bains d'une heure

   ____

8. suivre un régime végétarien

   ____

II. Vous êtes à une boum et vous faites la connaissance d'une personne qui vous intéresse. Posez-lui des questions à partir des verbes donnés. Employez la forme **tu**.

EXEMPLE sur le petit déjeuner
boire: *Qu'est-ce que tu bois pour le petit déjeuner?*

1. Sur ses études

   suivre des cours: ______________________________

   comprendre: ______________________________

   lire: ______________________________

2. Sur ses passe-temps

   faire: ______________________________

   écrire: ______________________________

   peindre: ______________________________

3. Sur ses projects (*utilisez le futur*)

   se mettre: ______________________________

   prendre: ______________________________

   faire: ______________________________

III. Didier est comme son père, un étudiant idéal. À partir des verbes donnés, écrivez une petite conversation où le père et le fils prennent conscience de leurs similarités.

EXEMPLE suivre toujours les conseils des professeurs

Didier: Je suis toujours les conseils des professeurs.

Le père: *Moi aussi, tu sais, je suivais toujours les conseils des professeurs.*

1. faire attention en classe

   Didier: ______________________________

   Son père: Moi aussi, tu sais, ______________________________

   ____

2. comprendre tout

   Didier: ______________________________

   Son père: Moi aussi, tu sais, ______________________________

   ____

3. ne jamais se plaindre du travail

   Didier: ______________________________

   Son père: Moi aussi, tu sais, ______________________________

   ____

4. se mettre à étudier tout de suite après dîner

   Didier: ______________________________

   Son père: Moi aussi, tu sais, ______________________________

   ____

5. prendre des notes en cours

   Didier: ______________________________

   Son père: Moi aussi, tu sais, ______________________________

   ____

6. lire beaucoup

   Didier: ______________________________

   Son père: Moi aussi, tu sais, ______________________________

   ____

7. écrire d'exellentes compositions

Didier: ______________________________

Son père: Moi aussi, tu sais, ______________________________

____

8. Faire les devoirs régulièrement

Didier: ______________________________

Son père: Moi aussi, tu sais, ______________________________

____

IV. **Commencer à - se mettre à.** *Vivianne, une amie à vous, vous parle de ce qui s'est passé hier. Mais comme vous êtes un peu distrait (distracted) vous répétez tout ce qu'elle dit en changeant le verbe* **commencer à** *par le verbe* **mettre à**, *comme dans l'exemple.*

EXEMPLE Vivianne: Hier, Paul et moi, nous avons commencé à travailler à 6h.?
Vous: *Ah, bon! Vous vous êtes mis à travailler à 6h!*

1. Vivianne: Ce matin j'ai commencé à faire le ménage à 9h.

   Vous: ______________________________
2. Vivianne: Et j'ai commencé à écrire des lettres à 10h.

   Vous: ______________________________
3. Vivianne: Ma mère a commencé à préparer le déjeuner à 11h30.

   Vous: ______________________________
4. Vivianne: Nicole et moi, nous avons commencé à étudier vers 3h.

   Vous: ______________________________
5. Vivianne: Et mon frère a commencé à laver la voiture à 5h.

   Vous: ______________________________

V. **Faire + l'infinitif.** *Dites ce que les personnes suivantes ont fait faire, font faire, ou feront faire. Attention au temps!*

EXEMPLE Je / réparer ma montre / aujourd'hui
Je fais réparer ma montre aujourd'hui.

1. Nicole / construire une maison / le mois dernier

____

2. Richard / peindre sa maison / le mois prochain

____

3. Nous / nettoyer la maison / demain

____

4. Mes parents / planter un arbre devant chez eux / la semaine prochaine

____

5. Toi / réparer la voiture / heir

____

6. Vous / laver la voiture / régulièrement

____

VI. Avec 9 ou 10 des verbes suivants (pas nécessairement dans l'ordre), composez un petit paragraphe où vous parlez de vous, de vos projets, de votre passé et de vous goûts.

faire — prendre — boire — croire — comprendre — écrire — craindre — lire — suivre —dire — connaître — peindre — se plaindre

EXEMPLE *Autrefois, je buvais beaucoup de café, mais maintenant je préfère ne pas en boire parce que ça me rend nerveuse. . . . .*

____

____

____

____

____

____

____

____

VII. Thème d'imitation: Traduisez en français.

As (1) they were bicycling in the Fontainebleau Forest, Roger saw some mushrooms on the side of the road. "I am crazy about (2) mushrooms," he said to John. "Let's pick some. I'll give them to my cousin, and we'll eat them this evening." "Eat all the mushrooms you wish," answered John. "I shall not eat any." "Why?" asked Roger. "There is no danger (3) when you just pick the mushrooms you know." "Do you think so (4)?" said John. "In America, my father knew a professor of botany (5) who had spent his life studying (6) mushrooms. Do you know how the poor man died? He died of mushroom poisoning (7) . . ."

(1) *as:* comme — (2) *to be crazy about*: adorer — (3) le danger — (4) Vous croyez? — (5) la botanique — (6) à étudier — (7) *lit., poisoned by mushrooms*

NOM ______________________ CLASSE ______________ DATE ______________

CONVERSATION 31

À l'église✦ du village

I. Les verbes soulignés sont au ***subjonctif présent****. Donnez le* ***présent de l'indicatif*** *de ces verbes.*

EXEMPLE J'ai peur qu'il perde patience. *il perd* patience

1. Je crains que vous ne soyez un peu décu. Vous êtes
2. Bien qu'elle soit classée ‹‹monument historique›› . . . ______________
3. Je ne crois pas qu'il y en ait plus de deux ou trois vraiment anciens. ______________
4. Il faut que j'aille au presbytère. ______________

II. Relisez le dialogue dans votre texte, puis répondez aux questions suivantes.

1. Comment est-ce que Roger salue (greets) le curé?

   ____
2. De quoi est-ce qu'il s'excuse?

   ____
3. Est-ce que Jean et Roger dérangent le curé?

   ____
4. Qu'est-ce que le curé vient de faire?

   ____
5. Qu'est-ce que Jean pense du jardin du curé?

   ____

6. Pourquoi est-ce que le curé craint que Jean et Roger ne soient un peu déçus l'église?

____

7. De quoi est-ce que Jean a entendu parler?

____

8. Est-ce que les vitraux son très vieux?

____

9. Qu'est-ce que le curé va chercher pour entrer dans l'église?

____

10. Pourquoi est-ce que Jean et Roger pourront vite voir dans l'obscurité?

____

NOM ______________________ CLASSE ____________ DATE ______________

III. Vous visitez Paris avec un groupe d'étudiants. Chacun suggère quelque chose à faire (avec ***si + l'imparfait****) et les autres approuvent (avec* ***l'impératif et un pronoun*** *si possible).*

EXEMPLE aller au Quartier Latin
Si nous allions au Quartier Latin?
Bonne idée! Allons-y.

1. prendre le métro

____

____

2. se promener sur les boulevards

____

____

3. déjeuner dans ce bon restaurant

____

____

4. aller au Louvre

____

____

5. entrer dans ce magasin

____

____

6. faire quelques achats

____

____

7. rentrer à pied

____

____

8. aller à l'Opéra après le dîner

____

____

IV. Vous êtes le guide d'un vieux château et sa chapelle où tout n'est pas d'époque. Alors vous répondez aux questions des touristes avec réserve en employant l'expression ***la plupart d'entre + le pronom*** *qui correspond à la chose décrite.*

EXEMPLE Les livres de la biliothèque sont anciens, n'est-ce pas?
Oui, la plupart d'entre eux sont anciens.

1. Les salles ont été détruites pendant la guerre, n'est-ce pas?

   ____

2. Les meubles sont du 17ième siècle, n'est-ce pas?

   ____

3. Les tableaux sont authentiques, n'est-ce pas?

   ____

4. Dans cette chapelle, les vitraux sont de l'époque, n'est-ce pas?

   ____

5. Et les statues sont du 16ième siècle, n'est-ce pas?

   ____

V. Complétez le paragraphe suivant d'après le dialogue dans votre livre.

M. le curé habite au ____________________. Dans son ____________________ il essaie de faire ____________________ des fleurs. Ça ne le __________ __________ pas d'être interrompu par Jean et Roger parce qu'il __________ __________ de finir de ____________________ ses rosiers. Il est fier de son ____________________ qui est classée «monument historique» et dont l'édifice date de ____________________ romaine. Jean ____________________ dire que les vitraux sont très ____________________, mais il va probablement être ____________________ parce que la ____________________ d'entre eux sont relativement modernes.

NOM ______________________ CLASSE ____________ DATE ____________

GRAMMAR UNIT 24

The subjunctive

I. Vous voulez être plus précis. Changez l'infinitif des phrases suivantes par ***que nous + le subjonctif.***

EXEMPLE Il faut travailler.
C'est vrai. Il faut que nous travaillions.

1. Il faut partir.

   ____

2. Il faut finir nos devoirs.

   ____

3. Il vaut mieux attendre demain.

   ____

4. Il vaut mieux être à l'heure.

   ____

5. Il faut avoir du courage.

   ____

6. Il vaut mieux étudier régulièrement.

   ____

*II. Laure ne s'entend pas (*does not get along*) bien avec sa mère en ce moment. Sa mère lui suggère un mode de vie que Laure refuse. Écrivez le dialogue entre mère et fille d'après le modèle.*

EXEMPLE se lever plus tôt

La mère: *Il vaudrait mieux que tu te lèves plus tôt.*

Laure: *Je ne veux pas me lever plus tôt!*

1. se coucher à une heure raisonnable

   La mère: ______________________________

   Laure: ______________________________

2. finir tes devoirs

   La mère: ______________________________

   Laure: ______________________________

3. choisir des amis plus sérieux

   La mère: ______________________________

   Laure: ______________________________

4. sortir avec un garçon moins jeune

   La mère: ______________________________

   Laure: ______________________________

5. boire moins de bière

   La mère: ______________________________

   Laure: ______________________________

6. mettre de l'ordre dans ta chambre

   La mère: ______________________________

   Laure: ______________________________

7. rentrer à une heure convenable

   La mère: ______________________________

   Laure: ______________________________

8. ne pas écouter de la musique punk tout le temps

   La mère: ______________________________

   Laure: ______________________________

9. être plus sérieuse

   La mère: ____

   Laure: ____

10. avoir plus de tact

   La mère: ____

   Laure: ____

III. Écrivez ce que votre prof de français vous conseille de faire pour réussir dans son cours.

1. (faire attention en classe)

   Il faut que vous ____

2. (prendre des notes)

   Il faut que vous ____

3. (répondre aux questions en français)

   Il faut que vous ____

4. (rendre vos devoirs à l'heure)

   Il faut que vous ____

5. (suivre mes conseils)

   Il faut que vous ____

6. (venir en cours régulièrement)

   Il faut que vous ____

IV. Réagissez aux situations suivantes en exprimant vos sentiments. Utilisez des expressions comme:

Je regrette que — Je suis désolé(e) que — J'ai peur que — Je suis content(e) que — Je suis heureux (heureuse) que — Je voudrais bien que — Je doute que

1. Le prof de français est malade aujourd'hui.

   ____

2. Les étudiants savent faire les exercices.

   ____

3. Il fait beau.

   ____

4. Mon amie a la grippe.

____

5. Ma camarade de chambre ne veut pas ranger ses affaires.

____

6. Ma sœur ne peut pas venir ce week-end.

____

7. Ma mère ne me croit jamais.

____

8. Ma petite amie me connaît bien.

____

9. Nous n'avons pas assez de temps pour nous amuser.

____

V. Finissez les phrases suivantes. Attention! Utilisez l'infinitif si c'est le même sujet qui fait les deux actions d'une phrase, mais utilisez le subjonctif si les sujets sont différents.

1. Mes parents veulent que je ______________________
2. Moi, je souhaite avoir des amis interessent
3. Mon meilleur ami a peur que je ______________________
4. Moi, je suis content(e) de reste a la maison
5. Je doute que ma famille ______________________
6. Ma famille aimerait mieux que je ______________________

VI. Vous êtes le/la secrétaire de la présidente d'une grande compagnie qui est toujours très occupée. Aujourd'hui, une personne vous demande si c'est possible de la voir, et comme d'habitude, vous exprimez du regret et le doute que cela soit possible. Utilisez les expressions ***je ne crois pas que, je doute que*** *ou* ***je ne pense pas que*** *dans vos réponses.*

EXEMPLE Est-ce que je pourrais parler avec Mme Dupont?
Je regrette. Je ne pense pas que vous puissiez parler avec elle.

1. Est-ce que Mme Dupont est dans son bureau en ce moment-ci?

   Je regrette. ____

2. Est-ce qu'elle a du temps libre ce matin?

   Je regrette. ____

3. Est-ce que je pourrais prendre rendez-vous (*make an appointment*) pour 2h?

   Je regrette. ____

4. Est-ce que qu'elle sera dans son bureau cet après-midi?

   Je regrette. ____

5. Est-ce que je devrais revenir demain?

   Je regrette. ____

VII. En 7 or 8 phrases, parlez des obligations, des désirs, des doutes, des opinions et des sentiments que vous avez au sujet de votre vie. Utilisez des expressions qui prennent le subjonctif ou l'infinitif.

____

____

____

____

____

____

____

____

VIII. Thème d'imitation: Traduisez en français.

Mrs. Deschamps said to Roger and John, "Do you want to come to the garden with me? I have to pick some green beans. It's already six o'clock. If I do not hurry, dinner will never be ready by (1) seven o'clock and my husband (2) will not be happy." Roger opened the garden gate. "What a fine garden (you have), cousin! How do you find the time to take care of it, with all the work of the harvest (3)?" "I get up every morning at five o'clock to water my garden . . . Be careful to close the gate behind you, Roger. If you leave it open, the hens get into the garden. Look at that one over there. She is busy (4) eating my salad greens! Please chase her out (5). I am no longer young and I do not like to chase hens." Roger shooed the hen out. Then he began (6) to pick green beans so that (7) dinner would be ready on time and so that Mr. Deschamps would be happy.

(1) *i.e., at seven o'clock* (2) le mari (3) la moisson (4) en train de (5) Veux-tu la chasser? (6) se mettre à (7) pour que

NOM ______________________ CLASSE ____________ DATE ____________

CONVERSATION 32

La Fin des vacances

12/17/91

I. Relisez le dialogue dans votre texte, puis répondez aux questions suivantes.

1. Où est-ce que Roger propose d'aller demain matin?

____

2. Est-ce que Jean espère attraper des poissons?

____

3. Pourquoi est-ce que Roger aime aller à la pêche?

____

4. Est-ce qu'il compte partir tard demain matin?

____

5. À quelle heure est-ce qu'il faudra qu'ils se lèvent?

____

6. Qu'est-ce que Jean aurait préféré faire le lendemain matin?

____

7. Qui est venu attendre Jean et Roger à la gare?

____

8. Est-ce que Marie savait l'heure exacte de leur arrivée?

____

9. Qui est Hélène Frazier?

____

10. Qu'est-ce qu'elle a demandé à Jean de faire?

____

II. **Le subjonctif.** *Parlez des choses que vous devez faire avant la fin du semestre. Employez l'expression* ***il faut que + subjonctif*** *et les verbes indiqués.*

EXEMPLE rendre visite à:
Il faut que je rende visite à ma grand-mère.

1. aller:

___

2. faire:

___

3. choisir:

___

4. savoir:

___

5. finir:

___

6. obtenir:

___

III. Imaginez que vous parlez à une personne qui ne vous comprend pas bien. Paraphrasez: redites ce que vous voulez dire en changeant les expressions soulignées par des expressions équivalentes.

EXEMPLE Dis-moi l'heure exacte de ton arrivée.
Dis-moi exactement à quelle heure tu vas arriver.

1. Je regrette que tu sois triste.

____

2. J'aime faire la grasse matinée.

____

3. Nous partirons demain matin.

____

4. J'ai reçu ton télégramme juste à temps.

____

5. Il faut partir au lever du soleil.

____

6. Il sera nécessaire de rentrer à 5h30.

____

7. J'ai l'intention d'aller à la pêche.

____

IV. Avec des amis, vous avez organisé une boum où personne ne s'est amusé. Le lendemain, vous en parlez tous ensemble et vous dites ce que vous auriez dû faire. Utilisez le verbe ***devoir*** *au* ***conditionnel passé.***

EXEMPLE Hélène / apporter de meilleurs disques
Hélène aurait dû apporter de meilleurs disques.

1. Paul et Richard / arriver plus tôt

____

2. Moi / faire plus de sandwichs

____

3. Toi / inviter plus de monde

____

4. Nous / acheter plus de bière

____

5. On / commencer la boum plus tard

____

V. ***Y.*** *Parlez un peu de votre week-end. Répondez aux questions suivantes en employant le pronom* ***Y*** *dans vos réponses.*

1. Est-ce que vous ferez des courses en ville?

____

2. Est-ce que vous étudierez à la bibliothèque?

____

3. Est-ce que vous achèterez des choses au supermarché?

____

4. Est-ce que vous ferez une excursion à vélo à la campagne?

____

5. Est-ce que vous rencontrerez des copains à une boum?

____

VI. En 40 ou 50 mots, écrivez un paragraphe où vous parlez de vos amis et de ce que vous faites en général quand vous avez du temps libre. Employez le plus de pronoms relatifs possible ***(qui, que, dont, avec lequel*** *etc . . . .).*

EXEMPLE *J'aime aller au cinéma. L'ami avec qui j'y vais souvent aime discuter et . . .*

____

____

____

____

____

____

____

____

NOM ______________________________ CLASSE ______________ DATE ________________

GRAMMAR UNIT 25

Irregular verbs in -oir

I. Vous voulez partir en week-end avec un ami. Posez-lui les questions suivantes. Demandez-lui:

1. s'il voudrait aller en week-end à la campagne avec vous.

   ____

2. s'il peut partir avant 9h du matin.

   ____

3. s'il veut bien y aller ~~en~~ à bicyclette.

   ____

4. s'il vaudrait mieux emporter un pique-nique. (valoir)

   ____

5. s'ils devraient inviter leur ami Pierre à venir.

   ____

6. s'il devra rentrer à une certaine heure dimanche.

   ____

7. s'il pourrait téléphoner aux autres copains avant de partir.

   ____

II. Complétez les phrases suivantes avec les verbes indiqués. Attention au temps!

1. (pleuvoir) Hier, il ____a plu____ toute la journée. Mais, aujourd'hui, il ne ______________ pas du tout.

2. (falloir) Il ________________ beaucoup travailler pour réussir et il ________________ (*conditionnel*) que je sois plus motivé aussi.

3. (valoir mieux) En cas d'accident, il ________________ prévenir la police.

4. (savoir) Mes amis ________________ bien conduire. Mais moi, si j'avais plus d'expérience, je ________________ mieux le faire aussi.

5. (voir) Le week-end dernier, nous ________________ une exposition de peintures impressionistes et le week-end prochain, nous ________________ celles des peintres surréalistes.

*III. Vous voyagez avec un(e) ami(e) et vous êtes toujours d'accord sur ce que vous voulez faire. Changez l'expression impersonnelle **il vaudrait mieux** par le verbe **devoir** au **conditionnel**. Suivez le modèle.*

EXEMPLE Il vaudrait mieux que nous nous levions de bonne heure.
Tu as raison. Nous devrions nous lever de bonne heure.

1. Il vaudrait mieux que nous prenions le petit déjeuner à 8h.

   ____

2. Il vaudrait mieux que tu ne laisses pas tes affaires dans la chambre.

   ____

3. Il vaudrait mieux que je fasse mes valises avant de partir.

   ____

4. Il vaudrait mieux que tu achètes des souvenirs plus tard.

   ____

5. Il vaudrait mieux que nous déjeunions dans un café.

   ____

NOM ______________________ CLASSE ______________ DATE ______________

IV. Vous êtes presque (almost) sûr(e) de ce que les personnes suivantes font en général. Comme dans l'exemple, utilisez l'expression verbale **devoir sûrement** *pour exprimer cette grande probabilité.*

EXEMPLE Paul / jouer au tennis tous les jours
Paul doit sûrement jouer au tennis tous les jours.

1. Jeanne / prendre des bains de soleil tout le temps (tout)
____
2. Toi / jouer aux cartes régulièrement
____
3. Vous / se coucher tard tous les soirs
____
4. Mes camarades de chambre / faire la grasse matinée le week-end
____
5. Bernard / aller à des boums tous les samedis
____

V. Changez les expressions soulignées par le verbe de la liste ci-dessous qui veut dire la même chose. Attention au temps et au mode.

pouvoir — devoir — vouloir — vouloir bien

EXEMPLE Il vaut mieux que tu te lèves de bonne heure.
Tu devrais te lever de bonne heure.

1. J'aimerais que ~~tu~~ vous téléphones à ~~ta~~ votre mère.
____
2. Tu as sans doute laissé ton parapluie dans le taxi.
____
3. Il est impossible que je conduise cette moto.
____
4. Il est nécessaire que vous soyez de retour avant 5h.
____
5. Il est probable qu'il ~~soit~~ est chez lui.
____

6. J'ai décidé de voyager seul.

____

7. Paul accepte de faire une promenade avec toi.

____

8. Il faudrait qu'elles aillent à l'université.

____

9. Nous aimerions rester une semaine de plus.

____

VI. Traduisez en français les verbes entre parenthèses. N'utilisez que les verbes ***pouvoir, vouloir*** *et* ***devoir*** *au temps et mode que conviennent.*

Je ________________ aller voir Catherine, mais comme elle
(*would*)

________________ faire ses devoirs, je ________________
(*should*) (*can't*)

soir, nous ________________ rentrer plus tôt parce que je
(*should have*)

________________ faire du tennis avec mon père cet après-midi.
(*am supposed to*)

Mais, je suis si fatiguée aujourd'hui, je ________________ en faire avec lui.
(*don't want to*)

Demain, Catherine et moi, nous ________________ faire une présentation
(*are expected to*)

sur l'Afrique dans notre cours de français, mais je ________________ faire l'effort
(*am not willing to*)

nécessaire pour l'écrire. Est-ce que tu ________________ le faire pour moi?
(*could*)

VII. Thème d'imitation: Traduisez en français.

"I must tell you what happened to me last Saturday, John. That day I went fishing near the old bridge on the other side of the river. You know the place, don't you? . . . Suddenly, I felt a fish at the end of my line (1). I was going to take him out (2) of the water, when a fish that big which was following mine, opened his enormous mouth (3), took my fish, and went away with it (4)." "You ought to put it in the paper," said John. "You caught the big fish, didn't you?" "No," Roger replied, "he broke my line." "That's really too bad," said John. "It's the sad story of the big fish that gets away (5)."

____

____

____

____

____

____

____

____

____

____

____

____

____

____

____

(1) *on the end of my line*: au bout de ma ligne (2) sortir (*used either as a transitive or an intransitive verb*) (3) *its enormous mouth*: une bouche énorme (4) *Omit it. Never mind if your sentence ends with* avec. (5) *Lit.: that one misses.*

NOM ______________________________CLASSE ______________DATE ________________

GRAMMAR UNIT 26

Use of infinitives and present participles

I. Remplissez les tirets avec **de, à** *ou* ▲ *(rien), selon le cas.*

1. J'ai besoin ____________________ apprendre le français.

   Je veux ____________________ apprendre le français.

   J'ai décidé ____________________ apprendre le français.

   J'ai réussi ____________________ apprendre le français.

   Je ne regrette pas ____________________ apprendre le français.

   Mon père m'a dit ____________________ apprendre le français.

2. J'ai envie ____________________ acheter une voiture de sport.

   Je devrais ____________________ acheter une voiture de sport.

   Je suis contente ____________________ acheter une voiture de sport.

   Mes parents m'encouragent ____________________ acheter une voiture de sport.

   Il y a deux ans que j'essaie ____________________ acheter une voiture de sport.

   Avant, je n'osais pas ____________________ acheter une voiture de sport.

3. Martine aime ____________________ réparer les voitures.

   Elle sait bien ____________________ réparer les voitures.

   Elle peut ____________________ réparer les voitures.

   Elle ne refuse jamais ____________________ réparer les voitures de ses amis.

Je lui ai demandé ________________ réparer ma voiture.

Elle a accepté ________________ réparer ma voiture.

II. Pour raconter un peu plus rapidement votre visite à Paris, changez les phrases comme dans l'exemple.

EXEMPLE Nous sommes arrivés à la capitale, puis nous avons trouvé notre hôtel.
Après être arrivés à la capitale, nous avons trouvé notre hôtel.

1. Nous nous sommes levés de bonne heure, puis nous avons pris un petit déjeuner dans un café.

   ____

2. Nous avons pris le métro, puis nous sommes allés au Quartier Latin.

   ____

3. Nous avons regardé les étalages des bouquinistes, puis nous avons visité le musée de Cluny.

   ____

4. Nous avons déjeuner dans un restaurant très chic, puis nous nous sommes promenés le long de la Seine.

   ____

5. Nous avons fait un peu de shopping, puis nous sommes rentrés à l'hôtel.

   ____

6. Nous nous sommes reposés, puis nous sommes allés au théâtre.

   ____

NOM ______________________ CLASSE ____________ DATE ____________

III. Avec un groupe d'amis, vous projetez d'aller à Paris. Une personne du groupe suggère des endroits à voir et des choses à faire et vous tombez tous d'accord. Pour ça vous redites les phrases de votre camarade que vous changez en utilisant la préposition ***en + le participe présent****.*

EXEMPLE Nous irons au Quartier Latin et nous irons voir le Panthéon.
Bonne idée! En allant au Quartier Latin, nous irons voir le Panthéon.

1. Nous nous promènerons sur l'Île de la Cité et nous entrerons dans Notre Dame.

   ____

2. Nous passerons par la place des Vosges et nous visiterons la maison de Victor Hugo.

   ____

3. Nous monterons sur la Tour Eiffel et nous prendrons des photos de la ville.

   ____

4. Nous déjeunerons dans un café et nous observerons les Français.

   ____

5. Nous ferons un tour au jardin des Tuileries et nous regarderons les enfants jouer.

   ____

6. Nous rentrerons par la rue de Rivoli et nous passerons par des magasins de vêtements.

   ____

IV. Complétez le paragraphe suivant avec la préposition qui convient: ***à, de, en, pour, sans, avant de, après*** *ou ▲ (rien).*

J'ai envie ____________ aller au Japon ____________ passant par Honolulu. Je voudrais ____________ aller aussi ____________ Manille. ____________ avoir visité le Japon, je suis invité(e) ____________ passer quelques jours ____________ Shanghai. Mais ____________ aller ____________ Chine, je tiens ____________ aller ____________ Taiwan, car, je ne voudrais pas ____________ passer par là ____________ visiter Taipeh, voir le musée d'antiquités chinoises. Et je voudrais voir beaucoup ____________ autres pays. C'est un des avantages de notre époque qui nous permettre

_______________ voir toutes sortes _______________ pays étrangers

(*foreign*).

V. Finissez les phrases suivantes. Parlez de vos projets d'été, de vos souhaits, de ce que vous voulez faire avant les vacances et de vos sentiments sur ce trimestre à la fac. Attention aux prépositions!

1. J'ai l'intention ____
2. Je voudrais ____
3. Je suis content(e) ____
4. Je vais essayer ____

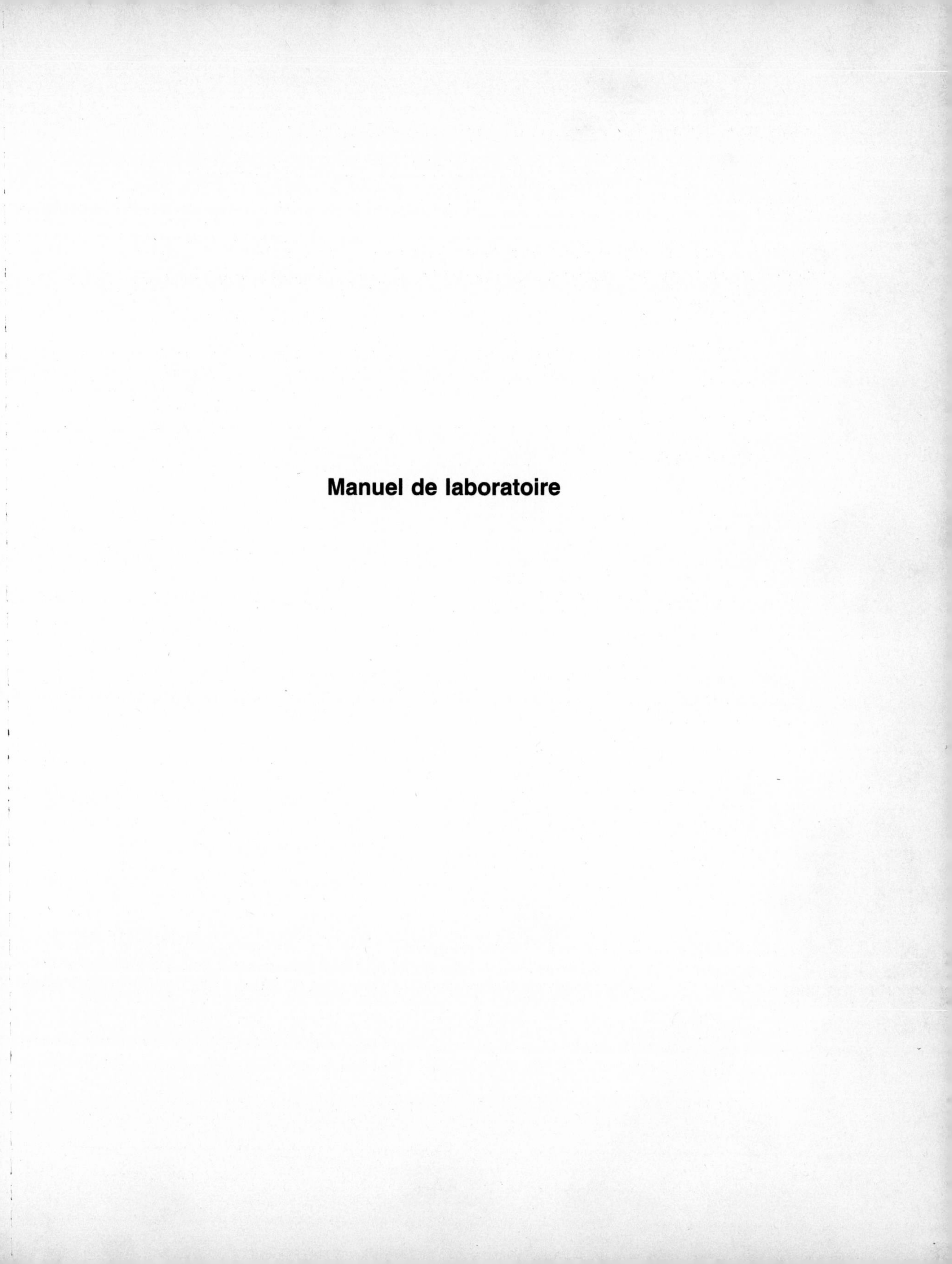

Manuel de laboratoire

NOM ______________________________ CLASSE ______________ DATE ______________

CONVERSATION 1

Première rencontre

A. Dialogue

Écoutez le dialogue (Listen to the dialogue)

Première rencontre

LA CONCIERGE✦* Bonjour, monsieur.✦

JEAN HUGHES Bonjour, madame.

LA CONCIERGE Vous êtes Monsieur Hughes, n'est-ce pas?

JEAN HUGHES Oui, madame — je suis bien Jean Hughes.

LA CONCIERGE Voilà une lettre pour vous, monsieur.

JEAN Merci beaucoup.✦ Au revoir, madame.

LA CONCIERGE Au revoir, monsieur.

Le lendemain matin

LA CONCIERGE Bonjour, monsieur. Comment allez-vous?

JEAN Bien, merci. Et vous-même ?

LA CONCIERGE Pas mal, merci.

JEAN Parlez-vous anglais, madame ?

LA CONCIERGE Oh, non, monsieur. Je ne parle pas anglais. Mais vous parlez français, n'est-ce pas?

JEAN Oui, madame, je parle un peu français.

LA CONCIERGE Moi, je parle français et c'est tout. Bon, allez, bonne journée, monsieur.

JEAN Bonne journée, madame.

B. Exercice de rythme

Répétez les phrases suivantes en syllabes non accentuées (Now you will hear short sentences. Repeat them in short, equally stressed syllables.)

1. En quatre syllabes *(In four syllables)*
   bonjour, monsieur / merci beaucoup / bonjour, madame /
   au revoir, monsieur / merci, monsieur / au revoir, madame /
   merci, madame /

2. En cinq syllabes *(In five syllables).*
   bonjour, mademoiselle / êtes-vous monsieur Hughes? /
   merci, mademoiselle / comment allez vous? /
   au revoir, mademoiselle / parlez-vous français? /
   je parle un peu français / parlez-vous anglais? /
   je parle un peu anglais /
3. En six syllabes *(In six syllables).*
   merci beaucoup, monsieur / merci beaucoup, madame /
   mais vous parlez français / voilà une lettre pour vous
   mais vous parlez anglais /
4. En sept syllabes *(In seven syllables).*
   vous parlez français, n'est-ce pas? / vous parlez anglais, n'est-ce pas? /
   je ne parle pas anglais, monsieur / je parle français, c'est tout /
5. En huit syllabes *(In eight syllables).*
   voilà une lettre pour vous, monsieur / je parle un peu français, madame /
   je parle un peu français, monsieur / je parle un peu anglais, monsieur /

C. Exercice de prononciation *[R]* and *[y]*

1. ***[R]*** *Listen carefully and repeat the following sounds, making them as short as possible:* ***[a]*** */* ***[ag]*** */. Now keep the tip of the tongue against the lower front teeth and say:* ***[aR]****. Now repeat the following words and phrases, being careful to say* ***[R]*** *in each without exaggerating it:*

bonjour/ au revoir / merci / une lettre / pour / une lettre pour
vous / parlez-vous français / je parle un peu français

2. ***[y]*** *Listen carefully and repeat the following sounds, making them as short as possible:* ***[i]****. Keep your tongue firmly in position and say* ***[i]****, round your lips slightly, and say* ***[y]****:* ***[i] [y]****. Repeat the following words:*

une lettre / Hughes / voici une lettre /
pour monsieur Hughes / voici une lettre pour vous /

D. Écoutez et répétez

Écoutez le dialogue à nouveau et répétez chaque phrase après l'avoir entendue (Listen to the dialogue again and repeat each sentence after the speaker).

E. Questions/réponses

Écoutez les phrases ou questions suivantes et répondez-y logiquement (Listen to the following statements and respond to them logically):

EXEMPLE Bonjour, monsieur ou madame .
You say: *Bonjour, madame.*

F. Conversation dirigée

Dites ce qu'on vous demande de dire. Répétez chaque réponse correcte après l'avoir entendue (Give a suitable response to each of the following commands. Repeat the correct response after the speaker).

EXEMPLE Dites bonjour à Monsieur Hughes.
You say: *Bonjour Monsieur Hughes.*

NOM ______________________________ CLASSE _______________ DATE _________________

CONVERSATION 2

Les Renseignements

A. Dialogue

Écoutez le dialogue (Listen to the dialogue)

À la gare

JEAN Pardon, madame. Où est le château, s'il vous plaît ?

UNE EMPLOYÉE Tout droit, monsieur.

JEAN Et le musée ?

L'EMPLOYÉE Le musée est dans le château.

JEAN Y a-t-il un restaurant près du château ?

L'EMPLOYÉE Oui, monsieur. Il y a un bon restaurant en face du château.

JEAN Merci beaucoup.

Dans la rue

JEAN *(à un passant)* Pardon, monsieur. Où est la poste✦ ?

LE PASSANT La poste est sur la place,✦ là-bas, à gauche. *(geste)*

JEAN Y a-t-il un bureau de tabac près d'ici ?

LE PASSANT Mais oui, monsieur. Il y a un bureau de tabac là-bas, à droite. *(geste)*

JEAN Merci beaucoup.

B. Exercice de rythme

Répétez les phrases en syllabes non accentuées (Repeat in short, equally stressed syllables):

1. En quatre syllabes *(In four syllables)*
   Où est le château? / Où est le musée? / Où est la gare?
2. En cinq syllabes *(In five syllables)*
   Où est le bureau de poste? / Où est le restaurant? / Sur la place, monsieur.
3. En six syllabes *(In six syllables)*
   Où est le bureau de tabac? / Y a-t-il un restaurant...? / Il y a un restaurant...
4. En sept syllabes *(In seven syllables)*
   Où est le château, s'il vous plaît? Où est le musée, s'il vous plaît?

C. Exercice de prononciation

1. [e] and [ø]

*Say **[e]** as in **allez**; keep the vowel short and clear:* ***[e]***

Répétez:
Comment allez-vous? / Une employée / le musée
le cinéma / un étudiant / où est l'aéroport? /
c'est près de l'église / le supermarché est près du café

*Say **[e]** again. Keep repeating this sound, holding the tip of your tongue against your lower front teeth and rounding your lips until you produce the sound **[ø]** as in **un peu.***

Répétez: **[e] [ø]** / un peu / monsieur / deux /

2. Review of [R] and [y]

Répétez: **[aR] / [Ra] / [RaR]** / bonjour / une lettre pour vous /
Répétez: **[i] [y]** / une lettre / le musée / dans la rue / le bureau de tabac /

D. Écoutez et répétez

Écoutez le dialogue à nouveau et répétez chaque phrase après l'avoir entendue (Listen to the dialogue again and repeat each sentence after the speaker).

E. Vocabulaire spécialisé

Répétez le nom des bâtiments (Repeat the names of the buildings):

la place / la poste / la gare / la mairie / le musée / le restaurant / le café / le cinéma /
le supermarché / l'église / le château / le bureau de tabac /

Maintenant regardez le plan de la ville sure votre cahier et numérotez les bâtiments d'après ce que vous entendrez (Now look at the city map you have in your workbook and number each building as you hear the speaker tell you).

EXEMPLE Number one: Le musée

F. Substitutions

Changez les phrases suivantes, en substituant les mots indiqués (Change the following sentences by substituting the indicated words.)

EXEMPLE Le château est loin d'ici. (le café)
You say: *Le café est loin d'ici.*

1. Où est le château?
2. Le château est près d'ici.
3. Le musée est près d'ici.
4. Y a-t-il un restaurant près d'ici?
5. Il y a un restaurant près du château.

G. Les nombres

Comptez en français de un à dix (Count in French from one to ten). *Répétez* (Repeat):

un (1) / deux (2) trois (3) / quatre (4) / cinq (5) / six (6) / sept (7) /
huit (8) / neuf (9) / dix (10) /

Maintenant répétez (Now repeat):

un franc / deux francs / trois francs
quatre francs / cinq francs / six francs /
sept francs / huit francs / neuf francs
dix francs /
un étudiant / deux étudiants / trois étudiants /
quatre étudiants / cinq étudiants / six étudiants /
sept étudiants / huit étudiants / neuf étudiants /
dix étudiants /

Maintenant, écrivez les nombres que vous entendez (Now write the numbers you hear):

EXEMPLE dix
You write: *10*

______	______	______
______	______	______
______	______	______
______	______	______
______	______	______
______	______	______

H. Conversation dirigée

Posez les questions qu'on vous demande de poser, puis répétez les réponses correctes après les avoir entendues (Ask each question that is called for. Then repeat the correct answer after hearing it.)

EXEMPLE Demandez-moi où est la gare.
You say: *Où est la gare?*

I. Dictée

Écoutez les phrases suivantes, puis écrivez-les (Listen to the following sentences. Then write them down.)

1. ______________________________
2. ______________________________
3. ______________________________
4. ______________________________

Maintenant, écoutez les phrases à nouveau et corrigez votre travail (Now listen to the sentences again and check what you have written.)

CONVERSATION 3

À la recherche d'un hôtel

A. Dialogue

Écoutez le dialogue (Listen to the dialogue)

Dans la rue

JEAN Pardon, monsieur, est-ce qu'il y a un bon hôtel dans les environs ?

UN AGENT DE POLICE✦ Oui, monsieur, l'Hôtel Continental sur la place du Marché.

JEAN Est-ce que c'est loin d'ici ?

L'AGENT Non, non, ce n'est pas loin du tout. Et, vous savez, le restaurant de l'hôtel a une très bonne réputation.

JEAN Ah, bon ! La cuisine est bonne. Tant mieux ! Merci, monsieur.

À l'Hôtel Continental

JEAN Madame, s'il vous plaît, quels sont vos prix pour la pension ?

L'HÔTELIÈRE *(f)* À partir de trois cents francs par jour, monsieur.

JEAN Est-ce que tous les repas sont compris dans la pension ?

L'HÔTELIÈRE Mais oui, monsieur. C'est une pension complète avec petit déjeuner, déjeuner et dîner.✦

B. Exercice de rythme

Répétez en syllabes (Repeat in syllables after the speaker.)

1. En deux syllabes *(In two syllables.)*
   Le musée / le dîner / la gare
   tant mieux
2. En trois syllabes *(In three syllables.)*
   au musée / à la gare / le déjeuner

3. En quatre syllabes *(In four syllables.)*
   le prix de la pension / au revoir, madame
   c'est loin d'ici / le bureau de tabac
   un bon hôtel
4. En cinq syllabes *(In five syllables.)*
   le petit déjeuner / la place du marché
   ce n'est pas loin du tout / dans les environs
5. En six syllabes *(In six syllables)*
   Est-ce que c'est près de la gare?
   Est-ce que c'est trois cent francs?
   Quel est le prix du dîner?
   C'est une pension complète.

C. Écoutez et répétez

Écoutez le dialogue à nouveau, puis répétez chaque phrase après l'avoir entendue (Listen to the dialogue again and repeat each sentence after the speaker, attempting to act out each part.)

D. Substitutions

Changez les phrases suivantes en substituant les mots indiqués (Change the following sentences by substituting the underlined segment.)

1. Jean est <u>dans la rue</u>.
2. Est-ce que l'hotel est <u>près d'ici</u>?
3. <u>L'hôtel</u> n'est pas loin d'ici.
4. Il y a un hôtel <u>en face de l'église</u>.
5. Quel est le prix <u>de la pension</u>?

E. Les nombres de 11 à 20

Comptez en français de 11 à 20 (Count from 11 to 20). *Répétez ce que vous entendez* (Repeat after the speaker).

onze (11) / douze (12) / treize (13) /
quatorze (14) / quinze (15) / seize (16) /
dix-sept (17) / dix-huit (18) / dix-neuf (19) /
vingt (20) /

Maintenant écrivez les nombres que vous entendrez (Now write the numbers you will hear.)

EXEMPLE Dix musées
You write: 10 *musées*

________ francs
________ cinémas
________ cafés
________ bars
________ petits déjeuners
________ repas
________ hôtels
________ restaurants
________ églises
________ supermarchés

F. Formation des questions

Écoutez les phrases suivantes, puis changez-lez en questions en plaçant **est-ce que** *devant. Puis répétez la réponse correcte après l'avoir entendue* (Listen to each statement, then form a question by placing **est-ce que** in front of it. Then repeat the correct answer after the speaker).

EXEMPLE L'hôtel est sur la place.
You say: *Est-ce que l'hôtel est sur la place?*

G. Formation des questions

Posez les questions qu'on vous demande de poser. Puis répétez la réponse correcte après l'avoir entendue (Ask the questions that are called for. Then repeat the correct answer after the speaker).

EXEMPLE Demandez-moi s'il y a un hôtel ici.
You say: *Est-ce qu'il y a un hôtel ici?*

H. Dictée

Écoutez les phrases suivantes, puis écrivez-les (Listen to each sentence. Then write it down as it is dictated.)

1. ____________________
2. ____________________
3. ____________________
4. ____________________
5. ____________________

Maintenant, écoutez les phrases à nouveau et corrigez votre travail (Now listen to the sentences again and check what you have written.)

CONVERSATION 4

Retour à Paris

A. Dialogue

Écoutez le dialogue

À l'hôtel

L'HÔTELIÈRE Comment ça va,✦ monsieur ?
JEAN Ça va bien, merci. Quelle heure est-il, s'il vous plaît ?
L'HÔTELIÈRE Il est onze heures.
JEAN Est-ce que le déjeuner est prêt ?
L'HÔTELIÈRE Non, monsieur, pas encore. À quelle heure voulez-vous déjeuner?
JEAN À onze heures et demie.
L'HÔTELIÈRE À quelle heure allez-vous à la gare ?
JEAN Je vais à la gare à midi. Le train pour Paris✦ arrive à midi et quart, n'est-ce pas ?
L'HÔTELIÈRE Non, monsieur. Il arrive à deux heures moins le quart.
JEAN Ah bon. Alors je vais déjeuner à midi, comme d'habitude. Est-ce que la poste est ouverte cet après-midi ?
L'HÔTELIÈRE Certainement, monsieur. Jusqu'à sept heures du soir.

B. Exercice de rythme

Répétez en syllabes.

1. En quatre syllabes:
   Comment ça va? / quelle heure est-il? / il est onze heures /
   comme d'habitude / jusqu'à sept heures /
   deux heures moins le quart /
2. En cinq syllabes:
   Ça va bien, merci / je vais à la gare / je vais déjeuner /
   la poste est ouverte /

3. En six syllabes:
   Non, monsieur. Pas encore / il est midi et quart /
   jusqu'à cinq heures du soir /
4. En sept syllabes:
   Est-ce que le déjeuner est prêt? / je vais déjeuner à midi /
   le train arrive à midi /
5. En huit syllabes:
   Il arrive à deux heures moins le quart /
   je vais déjeuner à midi /
   je vais à la gare à midi /

C. Écoutez et répétez

Écoutez le dialogue encore une fois et répétez chaque phrase après l'avoir entendue (Listen to the dialogue and repeat each sentence after the speaker).

D. Substitutions

Changez les phrases suivantes en substituant les mots soulignés (Change the following sentences by substituting the underlined segments).

1. L'hôtelière demande à Jean: «Comment ça va, monsieur?»
   Jean répond: «Ça va bien.»
2. Quelle heure est-il? Il est dix heures.
3. Comment allez-vous à la gare? Je vais à la gare en taxi.
4. Est-ce que la poste est ouverte cet après-midi? Oui, monsieur, jusqu'à cinq heures.
5. Je vais au musée ce matin.
6. Est-ce que tu vas au musée ce matin?
7. Non, je vais au musée cet après-midi.

E. L'heure

Répétez les heures que vous entendez, puis écrivez-les dans votre livre comme indiqué (Repeat the times you will hear, then write them down as shown in your book.)

EXEMPLE cinq heures
You write: *5h*

__________________ __________________

__________________ __________________

__________________ __________________

__________________ __________________

F. Questions-réponses

Répondez aux questions suivantes par une phrase complète, puis répétez la réponse correcte après l'avoir entendue (Answer the following questions with a complete sentence, then repeat the correct answer after the speaker).

G. Formation des questions

Posez les questions qu'on vous demande de poser, puis répétez la réponse correcte après l'avoir entendue. (Ask the questions that are called for. Then repeat the correct answer after the speaker.)

H. Dictée

D'abord écoutez le paragraphe suivant, puis écrivez ce que vous entendez. (First, listen to the following paragraph, then write what you hear.)

____

____

____

____

____

____

Maintenant écoutez le paragraphe à nouveau et vérifiez votre travail. (Now listen to it once more and check your work.)

NOM ______________________________ CLASSE _____________ DATE _______________

GRAMMAR UNIT 1

Articles and prepositions with de *and* à

A. Les articles

1. *Changez l'article indéfini* **un** *ou* **une** *dans les expressions suivantes en l'article défini* ***le, la*** *ou* **les,** *puis répétez la réponse correcte après l'avoir entendue* (Change the definite article ***un*** or ***une*** of the following words into the indefinite article ***le, la*** or ***les.*** Then repeat the correct answer after the speaker).

EXEMPLES	un restaurant	Vous dites: *le restaurant*
	un hôtel	Vous dites: *l'hôtel*

2. *Maintenant, changez l'article défini* **le, la** *ou* **l'** *dans les expressions suivantes en l'article indefini* **un** *ou* **une,** *puis répétez la réponse correcte après l'avoir entendue.*

EXEMPLES	le bureau de tabac	Vous dites: *un bureau de tabac*
	l'étudiante	Vous dites: *une étudiante*

3. *Donnez le pluriel des mots suivants, puis répétez la réponse correcte après l'avoir entendue.*

EXEMPLE	le restaurant	Vous dites: *les restaurants*
	l'église	Vous dites: *les églises*

B. Travail écrit

Encerclez l'article qui correspond aux mots que vous entendez (Circle the appropriate article for the words that you hear).

EXEMPLE restaurant *Vous encerclez:* **le** **la** **l'** **les**

Les articles définis

1.	**le**	**la**	**l'**	**les**	**4.**	**le**	**la**	**l'**	**les**
2.	**le**	**la**	**l'**	**les**	**5.**	**le**	**la**	**l'**	**les**
3.	**le**	**la**	**l'**	**les**					

Les articles indéfinis

1.	**un**	**une**	**des**	**4.**	**un**	**une**	**des**
2.	**un**	**une**	**des**	**5.**	**un**	**une**	**des**
3.	**un**	**une**	**des**				

C. Substitutions

Changez les phrases suivantes en substituant les mots indiqués. (Change the following sentences by substituting the underlined words).

1. Jean est à l'hôtel.
2. L'hôtel est près de la place.
3. Jean parle à la concierge dans l'hôtel.
4. Il demande à la concierge: "Quel est le prix de la pension?"
5. Cet après-midi, Jean va à la poste.

D. Transformation

Changez les phrases suivantes en substituant les mots indiqués et en faisant tous les changements nécessaires. Puis répétez les phrases correctes après les avoir entendues (Change the following sentences by substituting the underlined words and by making all other necessary changes. Then repeat the correct answer after the speaker).

1. Je vais au château.

   EXEMPLE Le restaurant Vous dites: *Je vais au restaurant.*

2. Le restaurant est près du château.
3. Dans la rue, je parle au passant.

NOM ______________________ CLASSE ____________ DATE ____________

E. Travail écrit

1. Questions-réponses

Répondez par écrit et par des phrases complètes aux questions que vous entendez.
(Write the answers to the following questions with complete sentences).

____

____

____

____

2. Poser des questions

Imaginez que vous êtes un touriste à Paris et que vous cherchez un hôtel et un restaurant. Vous parlez à agent de police. Ecrivez les questions qu'on vous demande de poser.

EXEMPLE Demandez-lui si la poste est en face de l'église.
Vous dites: *Est-ce que la poste est en face de l'église?*

____

____

____

____

____

____

NOM ______________________________ CLASSE ______________ DATE ______________

CONVERSATION 5

À la préfecture de police✦

A. Dialogue

Écoutez le dialogue

L'EMPLOYÉE Comment vous appelez-vous, monsieur ?
JEAN Je m'appelle Jean Hughes.
L'EMPLOYÉE Quelle est votre nationalité ?
JEAN Je suis américain.
L'EMPLOYÉE Où êtes-vous né ?
JEAN Je suis né à Philadelphie, aux États-Unis.
L'EMPLOYÉE Quel âge avez-vous ?
JEAN J'ai vingt et un ans.
L'EMPLOYÉE Quelle est votre profession ?
JEAN Je suis ingénieur-chimiste.
L'EMPLOYÉE Quelle est votre adresse à Paris ?
JEAN Quinze, avenue de l'Observatoire.
L'EMPLOYÉE Où demeurent vos parents ?
JEAN Mon père habite à Philadelphie. Je n'ai plus ma mère.
L'EMPLOYÉE Vous avez des parents en France ?
JEAN Non, je n'ai pas de parents en France.
L'EMPLOYÉE Voilà votre carte de travail.

JEAN Merci, mademoiselle.

B. Écoutez et répétez

Écoutez le dialogue encore une fois et répétez chaque phrase après l'avoir entendue.

C. Exercice de prononciation

1. *The French **[t]** is produced with the tip of the tongue against the upper front teeth and with much less flow of air than the English **"t"**. Repeat the following pairs of words, using as little breath as possible for the French word:*

tobacco-le tabac / tea-le thé / two-tout / toot-toute / toe-tôt

*Now repeat the following French words, pronouncing the **"t"** with as little breath as possible.*

du tabac / le restaurant / les hôtels /
le petit hôtel / le petit déjeuner / le château /
près du château / tout droit / à droite /
il est ouvert / huit heures du matin / comment allez-vous? /

2. *The French **[l]** like the French **[t]** is produced with the tip of the tongue against the upper front teeth. Moreover, in English we tend to insert the sound **[u]** before an **[l]** in many words: well, bell, meal, and so on. Pronounce the following pair of words, being careful not to insert the sound **[u]** before the **[l]** and to put the tip of the tongue against the upper front teeth in pronouncing the French **[l]**.*

bell-bel / eel-il / well-elle /
seal-s'il / meal-mille / tell-tel /

*Now repeat the following French words being careful to put the tip of the tongue against the upper front teeth for each **[t]** and each **[l]**.*

l'hôtel / la lettre / pas mal /
le tabac / quelle heure est-il / comment t'appelles-tu? /
comment s'appelle-t-elle? / quel âge as-tu? /
quel âge a-t-il? /

D. Vocabulaire spécialisé

1. *Répétez les noms de ces professions:*

une concierge / un hôtelier / une hôtelière /
un ingénieur / un médecin / un avocat /
un professeur / un infirmier / une infirmière /

Maintenant, encerclez les mots que vous entendez (Now circle the words that you hear).

2. *Répétez les noms de ces nationalités:*

américain / américaine / français /
française / allemand / allemande /
espagnol / italien / italienne /
canadien / canadienne / mexicain /
mexicaine /

Maintenant encerclez les mots que vous entendez (Now circle the words that you hear).

3. *Répétez les noms de quelques membres de la famille:*

les parents / la mère / le père /
les enfants / la fille / le fils /
la sœur / le frère / les grands-parents /
la grand-mère / le grand-père /

Maintenant écrivez les mots que vous entendez (Now write the words that you hear).

______________________________ ______________________________

______________________________ ______________________________

______________________________ ______________________________

4. *Répétez quelques nombres:*

vingt et un (21) / vingt-deux (22) / vingt-trois (23) /
vingt-quatre (24) / vingt-cinq (25) / vingt-six (26) /
vingt-sept (27) / vingt-huit (28) / vingt-neuf (29) /
trente (30) /

Maintenant écrivez les nombres que vous entendrez:

EXEMPLE vingt
You write: *20*

________________ ________________

________________ ________________

________________ ________________

E. Substitutions

Changez les phrases suivantes en substituant les mots indiqués.

A la mairie:

1. Quelle est votre nationalité?
2. Quelle est votre nationalité?—Je suis américain.
3. Quelle est votre profession? Je suis ingénieur-chimiste.
4. Quel âge avez-vous? J'ai vingt et un ans.
5. Vous avez des parents en France?
6. Mon père habite à Philadelphie.

F. Poser des questions

Vous voulez mieux connaître un camarade de classe. Posez-lui les questions qu'on vous demande de poser à la forme ***tu****. Employez* ***est-ce que****. Puis répétez la question correcte après l'avoir entendue* (You want to get to know a new classmate. Ask him the following questions using the ***tu*** form and **est-ce que**. Then repeat the correct question after the speaker).

NOM ______________________ CLASSE ____________ DATE ____________

G. Travail écrit

Vous avez besoin d'une carte d'identité pour voyager en Europe. Vous allez à la mairie et vous répondez (par écrit dans votre cahier) aux questions de l'employé(e). (You need an I.D. card to travel in Europe. You go to the city hall and you answer the employee's questions. Write your answers in your workbook).

____

____

____

____

____

____

____

____

H. Dictée

Écoutez d'abord le paragraphe suivant, puis écrivez ce que vous entendez.

____

____

____

____

Donc *(Therefore),* ____

________________________________ **Puis** *(Then)* ____________

____

Maintenant écoutez la dictée à nouveau et vérifiez votre travail.

NOM ______________________________ CLASSE ______________ DATE ______________

CONVERSATION 6

Le Déjeuner✦

A. Dialogue

Écoutez le dialogue

Dans la rue
ROGER Il est midi et j'ai faim.
JEAN Moi aussi. Allons déjeuner.
ROGER Tiens, je connais bien ce petit restaurant. Ça te va ?

JEAN Oui, d'accord. Allons-y.

Dans le restaurant
GARÇON Voilà une table libre, messieurs. Et voici la carte.
ROGER Merci.

Après avoir étudié la carte
JEAN Qu'est-ce que tu vas prendre comme hors-d'œuvre ?
ROGER Du pâté,* et toi ?
JEAN Moi aussi. Et comme plat principal ?
ROGER Un bifteck frites.
JEAN Moi, je veux du cassoulet.†

Le garçon revient
GARÇON Alors, messieurs, vous désirez ?
ROGER Apportez-nous deux tranches de pâté, un bifteck frites et un cassoulet, s'il vous plaît.
GARÇON Voulez-vous du vin ?
ROGER Oui. *(à Jean)* Tu veux du vin blanc ou du vin rouge ?
JEAN *(au garçon)* Du vin rouge, s'il vous plaît.
GARÇON Entendu. Merci !

Après le repas
JEAN Dis, c'est bien ici !
ROGER Oui, c'est sympathique — et la cuisine est bonne, n'est-ce pas ?

Le garçon revient
GARÇON Voulez-vous du café, messieurs ?
ROGER Oui, apportez-moi un café noir, s'il vous plaît.
JEAN Non, pas pour moi, merci. Je n'aime pas le café. Mais apportez-nous l'addition, s'il vous plaît.
GARÇON Tout de suite, monsieur.

B. Écoutez et répétez

Écoutez le dialogue encore une fois et répétez chaque phrase après l'avoir entendue.

C. Exercice de prononciation

***Le son [a]:** The French **[a]** is somewhat similar to the English **"0"** sound as in **"mom"**. In French, vowels are never dipthongized but are short and pure sounds as in **la table**. Répétez le son **[a]** dans les mots suivants:*

la gare / la carte / la table / la banane /
quatre heures moins le quart / le café noir /

*Maintenant répétez le son **[a]** dans les mots suivants:*

n'est-ce pas? / là-bas / pas encore / quel âge avez-vous? /

D. Substitutions

Changez les phrases suivantes en substituant les mots soulignés.

Au restaurant

1. Qu'est-ce que vous voulez comme hors-d'oeuvre?
2. Voulez-vous du café?
3. Oui apportez-moi des hors-d'oeuvre, s'il vous plaît.
4. Je vais prendre du pâté, mais je ne prends pas de dessert.
5. J'aime la bière, mais je n'aime pas le vin.
6. Moi, je vais prendre un peu de vin.

E. Questions-réponses

Répondez aux questions suivantes par une phrase complète et avec les éléments donnés, puis répétez la réponse correcte après l'avoir entendue.

F. Travail écrit

Écoutez les questions qu'on vous demande de poser (Write the questions asked for).

EXEMPLE Demandez-moi si j'ai faim.
Vous écrivez: *Est-ce que vous avez faim?*

G. Dictée

Écoutez d'abord les phrases suivantes; puis écrivez ce que vous entendez.

____

____

____

____

____

Maintenant écoutez les phrases à nouveau et vérifiez votre travail.

NOM ______________________________ CLASSE ______________ DATE ______________

GRAMMAR UNIT 2
Nouns used in a partitive sense

EMPLOI DU PARTITIF

A. Substitutions

Changez les phrases suivantes en substituant les mots soulignés.

1. Voules-vous des hors-d'oeuvre?
2. Oui, donnez-moi des hors-d'oeuvre, s'il vous plaît.
3. Moi, je vais prendre des hors-d'oeuvre.

B. Transformation

*Changez les phrases suivantes en substitutuant les mots indiqués et en remplaçant l'article défini (**le, la, l'** ou **les**) par l'article partitif (**du, de, de l'** ou **des**). Puis répétez la phrase correcte après l'avoir entendue.*

1. Apportez-moi du lait, s'il vous plaît.

le pain
Vous dites: *Apportez-moi du pain, s'il vous plaît.*

2. Avez-vous de la crème au caramel?

EMPLOI DE L'ARTICLE DÉFINI

C. Substitutions

Changez les phrases suivantes en substituant les mots soulignés.

1. Aimez-vous <u>les hors-d'oeuvre</u>?
2. Oui, j'aime <u>les hors-d'oeuvre</u>.
3. Moi, je n'aime pas <u>les hors-d'oeuvre</u>.

LA NÉGATION DU PARTITIF

D. Transformation

Répétez la phrase en changeant la partie soulignée. Attention, l'article partitif change au négatif. Puis répétez la phrase correcte après l'avoir entendue.

1. Je ne veux pas de <u>hors-d'oeuvre</u>.

EXEMPLE de la soupe Vous dites: *Je ne veux pas de soupe.*

2. Je ne prends pas de <u>café</u>.

E. Questions-réponses

Répondez négativement aux questions suivantes, puis répétez la réponse correcte après l'avoir entendue.

EXEMPLE Voulez-vous des hors-d'oeuvre?
Vous répondez: *Non, merci, je ne veux pas de hors-d'oeuvre.*

F. Travail écrit

Vous êtes serveur (ou serveuse) dans un restaurant où il ne reste plus rien à manger. Répondez **négativement** *et* **par écrit** *aux questions d'un client. Suivez le modèle dans votre cahier.*

EXEMPLE Avez-vous des hors-d'oeuvre?
Vous écrivez: *Je regrette, nous n'avons pas de hors-d'oeuvre.*

1. Je regrette, nous ____
2. Je regrette, nous ____
3. Je regrette, nous ____
4. Je regrette, nous ____
5. Je regrette, nous ____
6. Je regrette, nous ____
7. Je regrette, nous ____

LE PLURIEL DE L'ARTICLE INDÉFINI

G. Transformation

Mettez les mots suivants au pluriel. Puis répétez la réponse correcte après l'avoir entendue.

EXEMPLE une pomme
Vous dites: *des pommes*

LES EXPRESSIONS DE QUANTITÉ

H. Beaucoup de

Chez vous, il y a toujours beaucoup de tout. Suivez l'exemple pour exprimer cette idée. Puis répétez la réponse correcte après l'avoir entendue. (At your house, there is always a lot of everything. Follow the example to express this idea. Then repeat the correct answer after the speaker).

EXEMPLE du vin?
Vous dites: *Il y a beaucoup de vin.*

I. Un peu de

Vous n'avez pas très faim. Acceptez ce qu'on vous offre mais dites que vous n'en voulez qu'un peu. Puis répétez la réponse correcte après l'avoir entendue. (You are not very hungry. Accept what is offered to you but say that you only want a little. Then repeat the correct answer after the speaker).

EXEMPLE Vous voulez du pain?
Vous dites: *D'accord. Donnez-moi un peu de pain.*

RÉCAPITULATION

J. Travail écrit

Répondez ***négativement*** *et* ***par écrit*** *aux questions suivantes.*

EXEMPLE Y a-t-il une lettre moi?
Vous dites: *Non, il n'y a pas de lettre pour vous.*

1. ______________________________
2. ______________________________
3. ______________________________
4. ______________________________
5. ______________________________
6. ______________________________

Écrivez les questions qu'on vous demande de poser.

EXEMPLE Demandez-moi si j'ai un frère.
Vous écrivez: *Avez-vous un frère?*

1. ______________________________
2. ______________________________
3. ______________________________
4. ______________________________
5. ______________________________
6. ______________________________

CONVERSATION 7

Voyage à Rouen✦

A. Dialogue

Écoutez le dialogue

JEAN Quel jour sommes-nous aujourd'hui ?
ROGER C'est aujourd'hui le vingt septembre. Quand vas-tu à Marseille ?✦
JEAN Le mois prochain. Je compte partir le quinze octobre et revenir le premier novembre.
ROGER Est-ce que tu es libre à la fin de la semaine ?
JEAN Oui, je suis libre vendredi, samedi et dimanche.
ROGER Veux-tu venir à Rouen avec moi ? Je vais chez des copains.
JEAN Volontiers. Quel jour est-ce que tu pars ?
ROGER J'ai l'intention de partir jeudi soir.
JEAN À quelle heure ?
ROGER Je crois que le train part à dix-huit heures.
JEAN Parfait... C'est entendu donc. À jeudi✦ après-midi.

B. Écoutez et répétez

Écoutez le dialogue encore une fois, puis répétez chaque phrase après l'avoir entendue.

C. Exercice de prononciation

Les sons [o] et [ɔ]: In French there are two "o" sounds. Both sounds, contrary to their English counterpart and as in all French vowels, are not diphtongized but short and pure. The first ***[o]*** as in ***pomme*** is similar to the "o" sound in the word **bought**. *Répétez le son* ***[ɔ] comme dans les mots:***

la pomme / l'observatoire / pas encore / la poste / octobre / les hors d'œuvre / votre robe / alors /

The second ***[o]*** sound, as in ***château*** is similar to the "o" sound in the English word ***know.*** *Maintenant répétez le son* ***[o]*** *comme dans les mots:*

beaucoup / le château / l'hôtelière / le profession / aujourd'hui / la monnaie / au revoir / vos parents / comme d'habitude /

D. Vocabulaire spécialisé

1. *Répétez les mois de l'année:*

janvier / février / mars /
avril / mai / juin /
juillet / août / septembre /
octobre / novembre / décembre /

2. *Répétez les jours de la semaine:*

lundi / mardi / mercredi /
jeudi / vendredi / samedi /
dimanche /

E. Substitutions

Changez les phrases suivantes en substituant les mots soulignés.

1. Quel jour sommes-nous aujourd'hui? Nous sommes aujourd'hui le vingt septembre.
2. Quel jour sommes-nous aujourd'hui? Nous sommes aujourd'hui le premier janvier.
3. Quel jour sommes-nous aujourd'hui? Nous sommes aujourd'hui lundi.
4. Le train part à 17 heures, n'est-ce pas?
5. Je compte partir le quinze octobre.
6. C'est entendu donc. A jeudi après-midi.

F. Les nombres ordinaux

Répétez les nombres suivants:

premier / première / deuxième /
troisième / quatrième / cinquième /
sixième / septième / huitième /
neuvième / dixième / onzième /
douzième /

Répondez aux questions suivantes, puis répétez la réponse correcte après l'avoir entendu:

EXEMPLE Quel est le premier jour de la semaine?
Vous dites: *C'est lundi.*

G. Travail écrit

Répondez par écrit et par une phrase complète aux questions suivantes.

EXEMPLE Quel jour sommes-nous aujourd'hui? (la date et le jour)
Vous écrivez: *C'est aujourd'hui lundi, le 13 octobre.*

1. ____
2. ____
3. ____
4. ____
5. ____
6. ____
7. ____

H. Dictée

Écoutez les phrases suivantes, puis écrivez ce que vous entendez.

1. ______________________________
2. ______________________________
3. ______________________________
4. ______________________________

Maintenant écoutez les phrases à nouveau et vérifiez votre travail.

GRAMMAR UNIT 3

Present indicative of être *and* avoir*;* *first conjugation verbs: regular*

LES VERBES AVOIR ET ÊTRE

A. Substitutions:

Changez les phrases suivantes en substituant les mots indiqués.

1. Jean est en France.
2. Êtes-vous français?
3. Non, je ne suis pas français.
4. Mais j'ai des parents en France.
5. Avez-vous des frères?
6. Non, je n'ai pas de frères.

B. Les pluriels

Mettez les phrases que vous entendez au pluriel, puis répétez la réponse correcte après l'avoir entendue.

Je - nous:

EXEMPLE Je suis américain.
Vous dites: *Nous sommes américains.*

Tu - vous

EXEMPLE Tu n'as pas faim.
Vous dites: *Vous n'avez pas faim.*

Il/elle - ils/elles:

EXEMPLE Il est français.
Vous dites: *Ils sont français.*

C. La négation

Répondez négativement aux questions que vous entendez. Utilisez les formes ***nous*** *ou* ***je*** *si indiquées. Puis répétez la réponse correcte après l'avoir entendue.*

EXEMPLES Etes-vous français? (Nous)
Vous dites: *Non, nous ne sommes pas français.*
Avez-vous faim? (Je)
Vous dites: *Non, je n'ai pas faim.*

D. Travail écrit

Répondez par écrit et par des phrases complètes aux questions que vous entendez.

1. ______________________________
2. ______________________________
3. ______________________________
4. ______________________________
5. ______________________________
6. ______________________________

LES VERBES EN *-ER*

E. Substitutions

Changez les phrases suivantes en substituant les mots indiqués.

1. J'aime beaucoup le café.
2. A quelle heure est-ce que tu déjeunes?
3. Je dîne à sept heures.
4. Le garçon apporte des poires.
5. J'étudie le français.

F. Les pluriels

Mettez les phrases que vous entendrez au pluriel. Puis répétez la réponse correcte après l'avoir entendue.

Je - nous:

EXEMPLE Je dîne à huit heures.
Vous dites: *Nous dînons à huit heures.*

Tu - vous

EXEMPLE Où est-ce que tu déjeunes?
Vous dites: *Où est-ce que vous déjeunez?*

Il/elle - ils/elles

EXEMPLE Elle habite à Paris.
Vous dites: *Elles habitent à Paris.*

G. La négation

Répondez ***négativement*** *aux questions que vous entendrez, puis répétez la réponse correcte après l'avoir entendue. Utilisez la forme* ***nous*** *ou* ***je*** *dans vos réponses si indiquée.*

EXEMPLE Habitez-vous à Paris? (Nous)
Vous dites: *Non, nous n'habitons pas à Paris.*

H. Travail écrit

Répondez par écrit et par des phrases complètes aux questions que vous entendrez.

1. ____
2. ____
3. ____
4. ____
5. ____
6. ____

Imaginez que vous rencontrez un étudiant étranger. Vous lui posez quelques questions sur lui. (Imagine that you meet a foreign student. You ask him a few questions about himself). *Ecrivez dans votre cahier les questions qu'on vous demande de lui poser à la forme* ***tu.***

1. ______________________________
2. ______________________________
3. ______________________________
4. ______________________________
5. ______________________________
6. ______________________________
7. ______________________________

CONVERSATION 8

Au bureau de tabac✦

A. Dialogue

Écoutez le dialogue

ROGER Où vas-tu ?
JEAN Je vais acheter un journal. Où est-ce qu'on vend des journaux?
ROGER On les vend au bureau de tabac ou au kiosque.
Au bureau de tabac
JEAN Avez-vous des journaux, madame ?
MME COCHET Mais oui, monsieur. Les voilà. *(Elle les montre du doigt.)*
JEAN Donnez-moi *Le Figaro,*✦ s'il vous plaît.
MME COCHET Le voici, monsieur.
JEAN C'est combien ?
MME COCHET Quatre francs soixante-quinze, monsieur.
JEAN Avez-vous des revues américaines ?
MME COCHET Je regrette beaucoup, monsieur. *(haussant les épaules)* Nous n'avons pas de revues américaines.
JEAN Combien coûte ce plan de Paris ?

MME COCHET Dix-huit francs, monsieur. Il est très utile, même pour les Parisiens.
JEAN J'ai seulement un billet de cent francs. Avez-vous de la monnaie ?
MME COCHET Je crois que oui. La voilà. Est-ce que c'est tout, monsieur ?
JEAN Oui, je crois que c'est tout pour aujourd'hui.

B. Écoutez et répétez

Écoutez le dialogue encore une fois et répétez chaque phrase après l'avoir entendue.

C. Exercice de prononciation

Étudions les nasales:

le son [ɛ̃] dans **loin,** le son [ɑ̃] dans **France,** le son [ɔ̃] dans **bon,** et le son [œ̃] dans **un.**

*Répétez les mots suivants. Attention, ne prononcez pas le son **[n]** après les nasales.* (Now repeat the following words, being careful not to pronounce the sound ***[n]*** *after the nasal vowels.)*

1. Le son [ɛ̃]
   très bien / loin / loin d'ici /
   cinq / cinq heures / vingt cinq /
   quinze / américain / canadien /
2. Le son [ɑ̃]
   pas de parents / en France / cent francs /
   le restaurant / du vin blanc / de la viande /
   l'anglais / entendu /
3. Le son [ɔ̃]
   pardon / bonjour / onze heure /
   allons / entrons / votre profession /
   le garçon /
4. Le son [œ̃]
   un / un homme brun / lundi /
   un musée /

D. Substitutions

Changez les phrases suivantes en substituant les mots indiqués.

1. Je vais acheter un journal.
2. On vend des journaux au bureau de tabac.
3. Nous n'avons pas de revues américains.
4. Combien coûte ce plan de Paris?
5. J'ai seulement un billet de cent francs.
6. Je crois que oui.

E. Questions-réponses

*Répondez **négativement** aux questions suivantes, puis répétez la réponse correcte après l'avoir entendue.*

EXEMPLE Avez-vous des journaux?
Vous répondez: *Non, je n'ai pas de journaux.*

F. Travail écrit

Répondez par écrit aux questions suivantes. Utilisez les renseignements donnés dans vos réponses. (Write the answers to the following questions using the given information in your answers.)

EXEMPLE Où allez-vous? (acheter un journal)
Vous écrivez: *Je vais acheter un journal.*

1. ______________________
2. ______________________
3. ______________________
4. ______________________
5. ______________________

G. Les pronoms le, la, les.

Changez les phrases suivantes en remplaçant le nom par le pronom ***le, la*** *ou* ***les.*** *Puis répétez la réponse correcte après l'avoir entendue.* (Change the following sentences by replacing the noun by the pronoun ***le, la*** ou ***les.*** Then repeat the correct answer after the speaker).

EXEMPLE Voilà Le Figaro.
Vous dites: *Le voilà.*

H. Poser des questions

Vous êtes préoccupé(e) et vous ne faites pas très attention à ce que je dis. Alors, vous me demandez de me répéter en me posant la question qui correspond à ce que je dis. Répétez la question correcte après l'avoir entendue (You are preoccupied and you don't pay attention to what I am saying. Therefore you ask me to repeat myself by asking the question which corresponds to my answer. Repeat the correct question after the speaker).

EXEMPLE Je vais déjeuner à midi.
Vous dites: *Pardon! À quelle heure est-ce que tu vas déjeuner?*

I. Dictée

Écoutez d'abord le paragraphe suivant, puis écrivez ce que vous entendez.

____

____

____

____

____

Maintenant écoutez le paragraphe à nouveau et vérifiez votre travail.

NOM ______________________________ CLASSE ______________ DATE ________________

GRAMMAR UNIT 4
Numbers

LES NOMBRES CARDINAUX

A. Prononciation

Répétez les nombres suivants après les avoir entendus.

1 / 11 / 21 / 31 / 41 / 51 / 61 / 71 / 81 /
91 / 101 / 2 / 12 / 20 / 3 / 13 / 30 / 4 /
14 / 40 / 5 / 15 / 50 / 55 / 6 / 16 / 60 /
66 / 76 / 7 / 17 / 77 / 8 / 18 / 80 / 88 /
98 / 9 / 19 / 90 / 99 / 100 /1000
100 000 000 000 /

Maintenant répétez en paire de mots en faisant attention aux terminaisons.

cinq, cinq francs / six, six pommes /
huit, huit lettres / dix, dix poires /
vingt, vingt francs / trois, trois ans /
cinq, cinq ans / six, six étudiants /
sept, sept heures / huit, huit étudiants /
neuf, neuf heures / cent, cent ans /

B. Substitutions

Changez les phrases suivantes en substituant les mots soulignés.

1. Quel âge votre frère? Mon frère a dix ans.
2. Combien coûte ce plan de Paris? Il coûte huit francs.
3. Combien coûtent ces petits pains? Ils coûtent trois francs.
4. Combien coûte cette auto? Elle coûte neuf mille francs.

C. Travail écrit

Écrivez en chiffres les nombres que vous entendez.

EXEMPLE vingt-neuf
Vous écrivez: *29*

_______________ _______________

_______________ _______________

_______________ _______________

_______________ _______________

LES NOMBRES ORDINAUX

D. Prononciation

Répétez les nombres suivants après les avoir entendus.

premier /
première /
second /
seconde /
deuxième /
troisième /
quatrième /
cinquième /
sixième /
septième /
huitième /
neuvième /
dixième /
onzième /
douzième /
vingtième /
vingt et unième /

E. Questions-réponses

Répondez aux questions suivantes, puis répétez la réponse correcte après l'avoir entendue.

EXEMPLE Quel est le troisième jour de la semaine?
Vous répondez: *C'est mercredi.*

NOM ______________________ CLASSE ______________ DATE ______________

L'HEURE

F. L'heure conventionnelle

Regardez les pendules (clocks) dans votre cahier et dites l'heure qu'il est. Puis répétez la réponse correcte après l'avoir entendue.

G. L'heure officielle

Répétez les heures suivantes:

(1h30) une heure trente
(13h30) treize heures trente
(6h50) six heures cinquante
(18h50) dix-huit heures cinquante
(24h20) vingt-quatre heures vingt
(12h20) douze heures vingt

Maintenant écrivez dans votre cahier les heures que vous entendrez d'après le système officiel:

EXEMPLE dix-huit heures cinquante cinq
Vous écrivez: *18h55*

1. ______________________ 2. ______________________
3. ______________________ 4. ______________________
5. ______________________ 6. ______________________
7. ______________________ 8. ______________________

Lisez dans votre cahier les heures indiquées en employant ***du matin, de l'après-midi,*** *et* ***du soir.*** *Puis répétez la réponse correcte après l'avoir entendue.*

EXEMPLE 1h10
Vous dites: *une heure dix du matin*

13h
Vous dites: *une heure de l'après-midi.*

1. 5h33 / 2. 6h05 / 3. 8h25 / 4. 19h50 /
5. 21h39 / 6. 14h35 / 7. 10h45 / 8. 23h15 /

LES DATES

H. Prononciation

Répétez les dates suivantes.

le 9 mai / 5 juin / le 22 août / le 15 juillet / le 31 décembre /
le 3 mars / le 13 janvier / le 1er avril /

Maintenant répétez les années suivantes.

en 1900 / en 1940 / en 1989 / en 1845 / en 1745 / en 1515 /
en 1615 / en 2001 / en 2010 /

I. Substitutions

Changez les phrases suivantes en substituant les mots soulignés.

1. C'est quel jour aujourd'hui? C'est le <u>15 septembre</u>. /
2. En quelle année est-il né? <u>En 1634</u>. /

J. Travail écrit

Écrivez en chiffre les dates que vous entendez. Attention! Le jour de la semaine vient en premier. (Write in numbers the dates you hear. Note that the day of the week comes first).

EXEMPLE le 14 mai 1976
Vous écrivez: *14-5-1983*

1. ______________________
2. ______________________
3. ______________________
4. ______________________
5. ______________________

RÉCAPITULATION

K. Travail écrit

Répondez par écrit et par des phrases complètes aux questions que vous entendez.

1. ______________________________
2. ______________________________
3. ______________________________
4. ______________________________
5. ______________________________
6. ______________________________
7. ______________________________
8. ______________________________

CONVERSATION 9

Une Interro✦ sur l'histoire de France

A. Dialogue

Écoutez le dialogue

MARIE Dis donc, Jean, tu connais* l'histoire de France ?
JEAN Bien sûr ! Je connais Jeanne d'Arc✦ et Napoléon.✦
MARIE Ah, bon ! Qu'est-ce que tu sais de Jeanne d'Arc ?
JEAN Pas grand-chose. Je ne sais pas quand elle est née, mais je sais qu'elle est morte à Rouen.
MARIE Et Napoléon ? Sais-tu où il est né ?
JEAN Il est né en Corse, au dix-huitième siècle, n'est-ce pas ?
MARIE Oui, et Louis XIV,✦ en quelle année est-il mort ?
JEAN En dix-sept cent quinze, si j'ai bonne mémoire. *(Avec impatience)* Dis donc, c'est une interro d'histoire que tu me donnes ?
MARIE Bon, ne te fâche pas ! Encore une dernière petite question et c'est tout. Tu connais le quatorze juillet ?
JEAN Bien sûr. C'est le jour de la fête nationale en France.
MARIE Sais-tu pourquoi ?
JEAN Parce que c'est le jour de la prise de la Bastille,✦ en dix-sept cent quatre-vingt-neuf. Tu vois, je suis bien renseigné !
MARIE Oui, tu es génial ! Tu sais vraiment tout — ou presque !

B. Écoutez et répétez

Écoutez le dialogue encore une fois et répétez chaque phrase après l'avoir entendue.

C. Substitutions

Changez les phrases suivantes en substituant les mots soulignés.

1. Tu connais l'histoire de France?
2. Oui, je connais l'histoire de France.
3. Connaissez-vous Marie Bonnier?
4. Oui, je connais Marie Bonnier.
5. Je sais l'adresse de Jean Hughes.
6. Je sais que Jeanne d'Arc est morte à Rouen.
7. Elle sait chanter.

D. Questions-réponses avec SAVOIR et CONNAÎTRE

Répondez par oui ou par non (comme indiqué) aux questions que vous entendez, puis répétez la réponse correcte après l'avoir entendue.

EXEMPLE Connaissez-vous la France? (non)
Vous dites: *Non, je ne connais pas la France.*

E. Travail écrit

Encerclez ***Je sais*** *ou* ***Je connais*** *pour compléter les phrases que vous entendez correctement.* (Circle ***Je sais*** or ***Je connais*** to complete correctly the sentences you hear).

EXEMPLE l'histoire de France. /
Vous encerclez: ***Je sais***

1. Je sais   Je connais
2. Je sais   Je connais
3. Je sais   Je connais
4. Je sais   Je connais
5. Je sais   Je connais
6. Je sais   Je connais
7. Je sais   Je connais
8. Je sais   Je connais

NOM ______________________________ CLASSE ______________ DATE ________________

F. Dictée

Écoutez d'abord le paragraphe suivant, puis écrivez ce que vous entendez.

____

________________________________ **Alors** *(Then)* ______________________________

____ **Madame Cochet (la vendeuse)**

____

____

____

Maintenant écoutez le paragraphe à nouveau et vérifiez votre travail.

NOM ______________________ CLASSE ______________ DATE ______________

CONVERSATION 10

Bavardage

A. Dialogue

Écoutez le dialogue

MARIE Dis, Jean, tu connais Louise Bedel ?
JEAN Non, je ne la connais pas.
MARIE Mais si.* Tu as fait sa connaissance chez Suzanne samedi dernier.
JEAN Tu parles de la petite jeune fille brune ?
MARIE Mais non, pas du tout ! C'est une grande blonde.
JEAN Oh, tu parles de la jeune fille qui joue de la guitare et qui chante si bien ?
MARIE Oui. Avec les cheveux blonds et de grands yeux bleus.
JEAN Eh bien ? Qu'est-ce qui lui arrive ?
MARIE Elle vient d'annoncer son mariage.
JEAN Ah oui ? Avec qui ?
MARIE Avec Charles Dupont.
JEAN Tiens! Je connais très bien Charles.
MARIE Qu'est-ce qu'il fait ?
JEAN Il est† ingénieur-électricien. Un type bien, du reste. Ils vont former un beau couple, je trouve.

B. Écoutez et répétez

Écoutez le dialogue encore une fois et répétez chaque phrase après l'avoir entendue.

C. Substitutions

Changez les phrases suivantes en substituant les mots soulignés.

1. Tu as fait sa connaissance chez Suzanne samedi dernier.

2. **Description au féminin**
   a. C'est une grande fille blonde.
   b. Elle est grande.
   c. Elle a les cheveux longs.
3. **Description au masculin**
   a. C'est un type bien.
   b. Il est grand.
   c. Il a les cheveux bruns.
4. Qu'est-ce que votre père fait? Il est ingénieur-électricien.
5. Quelle est la nationalité de votre mère? Elle est américaine.
6. Louise Bedel vient d'annoncer son mariage.
7. Qu'est-ce que Jean vient de faire? Il vient de dîner avec Roger.

D. Poser des questions

Vous voulez faire la connaissance de Suzanne, une amie à moi (You want to meet Susanne, a friend of mine). *Posez les questions qu'on vous demande de poser, puis répétez la réponse correcte après l'avoir entendue.*

EXEMPLE Demandez-moi si je connais Suzanne.
Vous dites: *Est-ce que tu connais Suzanne?*

IL/ELLE EST-C'EST

E. Compléter des phrases

Oralement, complétez les phrases que vous entendez en employant ***Elle est*** *ou* ***C'est.*** *Puis répétez la réponse correcte après l'avoir entendue.*

EXEMPLE chimiste
Vous dites: *Elle est chimiste.*

NOM ______________________________ CLASSE ______________ DATE ________________

F. Travail écrit

Maintenant par écrit, complétez les phrases que vous entendez en encerclant **Il est** *ou* **C'est** *selon le cas.*

EXEMPLE français
Vous encerclez: (**Il est**) **C'est**

1. **Il est** **C'est**
2. **Il est** **C'est**
3. **Il est** **C'est**
4. **Il est** **C'est**
5. **Il est** **C'est**
6. **Il est** **C'est**
7. **Il est** **C'est**
8. **Il est** **C'est**

G. Dictée

Écoutez d'abord le paragraphe suivant, puis écrivez ce que vous entendez.

____

____

____

____

____

____

Maintenant écoutez le paragraphe à nouveau et vérifiez votre travail.

GRAMMAR UNIT 5

Word order in asking questions

A. Substitutions

Changez les phrases suivantes en substituant les mots soulignés.

1. Est-ce que l'avion est à l'heure?
2. À quelle heure est-ce que le train arrive?
3. Où est-ce que votre père achète son journal?
4. Vous ne voulez pas de hors-d'oeuvre? Si, donnez-moi des hors d'oeuvre.
5. Est-ce qu'il n'y a pas de restaurant près d'ici? Si, il y a un restaurant là-bas.
6. De quelle couleur sont ses cheveux?

B. Former des questions avec *Est-ce que*

Mettez chacune des phrases que vous entendez à la forme interrogative en employant ***est-ce que.*** *Puis répétez la réponse correcte après l'avoir entendue.*

Phrases avec un pronom sujet

EXEMPLE Il va l'aéroport.
Vous dites: *Est-ce qu'il va l'aéroport?*

Phrases avec un nom sujet

EXEMPLE L'hôtel est loin d'ici.
Vous dites: *Est-ce que l'hôtel est loin d'ici?*

C. Former des questions avec l'inversion

Mettez les phrases suivantes à la forme interrogative, mais cette fois-ci, en employant l'inversion. Puis répétez la réponse correcte après l'avoir entendue.

Phrases avec un pronom sujet

EXEMPLE Il va l'aéroport
Vous dites: *Va-t-il l'aéroport?*

Phrases avec un nom sujet

EXEMPLE L'hôtel est loin d'ici?
Vous dites: *L'hôtel est-il loin d'ici?*

D. Poser des questions en général

Posez la question qui correspond à chacune des phrases suivantes. Commencez la question par ***où, quand?, combien?, quel?, comment?, etc.*** (Ask the questions to which each of the following sentences is the answer. Begin the questions with ***où?, quand?, etc.***). *Puis répétez la réponse correcte après l'avoir entendue.*

E. Poser des questions à la forme négative

Posez les questions à la forme négative en employant ***l'intonation*** *pour indiquer que c'est une question. Puis répétez la réponse correcte après l'avoir entendue.*

EXEMPLE Vous voulez du vin.
Vous dites: *Vous ne voulez pas de vin?*

F. Répondre aux questions à la forme négative

Répondez aux questions négatives, en disant le contraire de ce qu'on vous dit. Commencez vos réponses par **Mais si.** *Puis répétez la réponse correcte après l'avoir entendue.*

EXEMPLE Vous ne voulez pas de cassoulet?
Vous dites: *Mais si, je veux du cassoulet.*

G. Récapitulation

Imaginez que vous parlez à un nouveau camarade de classe. Posez-lui les questions qu'on vous demande de poser. Employez **est-ce que.** *Puis répétez la réponse correcte après l'avoir entendue.*

EXEMPLE Demandez-lui où habite sa famille.
Vous dites: *Où est-ce que ta famille habite?*

H. Travail écrit

Questions à un nouveau copain

Vous voulez mieux connaître une nouvelle personne dans votre cours. Écrivez les questions qu'on vous demande de lui poser.

1. ______________________
2. ______________________
3. ______________________
4. ______________________
5. ______________________
6. ______________________

Questions à un passant dans la rue

Maintenant vous êtes dans la rue et vous parlez à un passant. Écrivez les questions qu'on vous demande de lui poser.

1. ______________________
2. ______________________
3. ______________________
4. ______________________
5. ______________________

CONVERSATION 11

Une Promenade

A. Dialogue

Écoutez le dialogue

Chez Marie

JEAN Veux-tu faire* une promenade ?
MARIE Je veux bien. Quel temps fait-il ?

JEAN Il fait beau, mais il fait du vent.
MARIE Est-ce qu'il fait froid ?
JEAN Non, au contraire. Il fait doux.

MARIE Faut-il prendre un imperméable ou un parapluie ?
JEAN Non, ce n'est pas la peine. Il ne va pas pleuvoir.
MARIE Tu es sûr ? Moi, j'ai vraiment l'impression qu'il va pleuvoir.
JEAN Mais non, voyons ! Regarde ! Il n'y a pas un seul nuage dans le ciel. Il fait un temps formidable.
MARIE Tu as raison. Allons-y.

Une heure plus tard

MARIE Oh là, là ! Ça y est. Il pleut.* On va être trempé jusqu'aux os. Et tout ça à cause de toi !

JEAN À cause de moi ? Comment ça ?
MARIE Ne fais pas l'innocent. Tu sais très bien ce que je veux dire. Je n'ai plus confiance en toi !

B. Écoutez et répétez

Écoutez le dialogue encore une fois et répétez chaque phrase après l'avoir entendue.

C. Substitutions

Changez les phrases suivantes en substituant les mots soulignés.

Le temps

1. Il fait beau.
2. Il ne fait pas froid.

3. J'ai froid.
4. Tu es sûr qu'il ne va pas pleuvoir?
5. J'ai l'impression qu'il va pleuvoir.
6. Faut-il prendre un imperméable?
7. Ce n'est pas la peine de prendre un imperméable.

D. La négation

Avec **ne...pas** (révision)

Dites le contraire des phrases que vous entendez. Dites ***"Mais non,..."*** *et mettez chaque phrase au* ***négatif.*** *Puis répétez la réponse correcte après l'avoir entendue.*

EXEMPLE Il va pleuvoir aujourd'hui.
Vous dites: *Mais non, il ne va pas pleuvoir aujourd'hui!*

Avec **ne...plus**

Changez les phrases que vous entendez de l'affirmatif au ***négatif*** *en employant* ***ne...plus.*** *Répétez la réponse correcte après l'avoir entendue.*

EXEMPLE J'ai confiance en toi.
Vous dites: *Je n'ai plus confiance en toi.*

E. Travail écrit

Répondez par écrit aux questions suivantes.

1. ______________________________
2. ______________________________
3. ______________________________
4. ______________________________
5. ______________________________

Maintenant, toujours par écrit, posez les questions qu'on vous demande de poser.

1. ______________________________
2. ______________________________
3. ______________________________
4. ______________________________

F. Dictée

Écoutez d'abord le paragraphe suivant, puis écrivez ce que vous entendez.

____

____

____

____

____

____

____

Maintenant écoutez le paragraphe à nouveau et vérifiez votre travail.

CONVERSATION 12

Les Saisons✦

A. Dialogue

Écoutez le dialogue

MARIE Quel temps ! Regarde, il neige.

SUZANNE Chouette, alors ! C'est la première fois qu'il neige* cette année.
MARIE Moi, je n'aime pas du tout l'hiver.
SUZANNE Comment peux-tu dire ça ? Je crois que l'hiver est la plus belle saison de l'année ! Et en hiver, il y a tant de choses à faire ! On peut patiner, faire du ski, aller au théâtre, ou bien écouter des disques au coin du feu.
MARIE Tu as raison. Mais l'hiver dure trop longtemps.
SUZANNE Quelle saison préfères-tu, alors ?
MARIE Je crois que je préfère l'été parce que j'aime nager, prendre des bains de soleil, faire du vélo, aller à la campagne...
SUZANNE Mais la campagne est aussi agréable en automne qu'en été. Surtout, il fait moins chaud.
MARIE Oui, c'est vrai. En fait, j'aime toutes les saisons sauf l'hiver.

B. Écoutez et répétez

Écoutez le dialogue encore une fois et répétez chaque phrase après l'avoir entendue.

C. Substitutions

Changez les phrases suivantes en substituant les mots soulignés.

1. Il se met <u>à neiger</u>.
2. Je n'aime pas du tout <u>l'hiver</u>.
3. Moi, j'aime beaucoup l'hiver. En hiver on peut <u>faire du ski</u>.

4. Moi, je préfère l'été, parce que j'aime nager.
5. Savez-vous nager? Oui, je sais nager.
6. ‹‹Il neige. Chouette, alors!››

D. Poser des questions

Posez les questions qu'on vous demande de poser, puis répétez la réponse correcte après l'avoir entendue.

E. Travail écrit

Répondez par écrit aux questions personnelles que vous entendez.

1. ______________________________
2. ______________________________
3. ______________________________
4. ______________________________
5. ______________________________
6. ______________________________
7. ______________________________
7. ______________________________
8. ______________________________
10. ______________________________

F. Dictée

Écoutez d'abord le paragraphe suivant, puis écrivez ce que vous entendez.

____

____

____

____

____

____

____

Maintenant écoutez le paragraphe à nouveau et vérifiez votre travail.

NOM ______________________ CLASSE ____________ DATE ______________

GRAMMAR UNIT 6

Interrogative, demonstrative, and possessive adjectives

LES ADJECTIFS INTERROGATIFS

A. Poser des questions avec *quel*

Je suis un nouvel étudiant dans la classe et vous voulez mieux me connaître. Posez-moi les questions qu'on vous demande de me poser à la forme **tu.** *Puis répétez la réponse correcte après l'avoir entendue.*

EXEMPLE Demandez-moi quel âge j'ai.
Vous dites: *Quel âge as-tu?*

B. Poser des questions avec *qu'est-ce que*

Je suis dans un restaurant et vous êtes le serveur (ou la serveuse). Posez-moi les questions qu'on vous demande de me poser à la forme **vous.** *Puis répétez la réponse correcte après l'avoir entendue.*

EXEMPLE Demandez-moi ce que je prends comme dessert.
Vous dites: *Qu'est-ce que vous prenez comme dessert?*

C. Travail écrit

Déterminez si les questions que vous allez entendre commencent avec **quel** *ou* **qu'est-ce que.** *Encerclez la réponse correcte. Attention à l'accord de* **quel!**

EXEMPLE __________ heure est-il?
Vous encerclez: **Quel** **(Quelle)** **Quels** **Quelles** **Qu'est-ce que**

1. **Quel** **Quelle** **Quels** **Quelles** **Qu'est-ce que**
2. **Quel** **Quelle** **Quels** **Quelles** **Qu'est-ce que**

3. **Quel** **Quelle** **Quels** **Quelles** **Qu'est-ce que**
4. **Quel** **Quelle** **Quels** **Quelles** **Qu'est-ce que**
5. **Quel** **Quelle** **Quels** **Quelles** **Qu'est-ce que**
6. **Quel** **Quelle** **Quels** **Quelles** **Qu'est-ce que**

LES ADJECTIFS DÉMONSTRATIFS

D. Substitutions

Changez les phrases suivantes en substituant les mots soulignés.
Répétez chaque phrase correcte après l'avoir entendue.

1. Je vais au labo ce matin.
2. Je préfère cette saison.
3. Ce livre-ci est intéressant. Ce livre-là est ennuyeux.

E. Transformation

Changez chacun des mots que vous entendez en employant un ***adjectif démonstratif.***
Puis répétez la réponse correcte après l'avoir entendue.

EXEMPLE le matin
Vous dites: *ce matin*

LES ADJECTIFS POSSESSIFS

F. Substitutions

Changez les phrases suivantes en substituant les mots soulignés.

1. Roger aime bien son père.
2. Marie habite avec son père.
3. L'employée a demandé à Jean son âge.
4. L'employée a demandé à Marie son âge.
5. Je vais téléphoner à mon père.

G. Transformation

Changez les groupes de mots que vous entendez, en employant ***l'adjectif possessif.***
Puis répétez la réponse correcte après l'avoir entendue.

EXEMPLE le frère de Marie
Vous dites: *son frère*

H. Les pluriels

Mettez les mots suivants ***au pluriel.*** *Puis répétez les réponses correctes après les avoir entendues.*

EXEMPLE votre frère
Vous dites: *vos frères*

I. Travail écrit

Répondez par écrit aux questions que vous entendez. Employez ***l'adjectif possessif*** *dans vos réponses.*

1. ______________________________
2. ______________________________
3. ______________________________
4. ______________________________
5. ______________________________
6. ______________________________

NOM ______________________________ CLASSE ____________ DATE ____________

CONVERSATION 13

Faire les courses

A. Dialogue

Écoutez le dialogue

JEAN Dis donc. J'ai des courses à faire. Toi, où est-ce que tu vas, en général ?

MARIE Oh, il y a un tas de petits magasins, place de l'Église. Fais-moi voir ta liste.
JEAN Voilà. Je veux du pain...

MARIE Il faut aller à la boulangerie d'en face. Quelle sorte de viande veux-tu ?
JEAN Du porc et du bœuf.
MARIE Pour le porc, va à la charcuterie, et pour le bœuf va à la boucherie.

JEAN Faut-il aller à deux magasins différents ?
MARIE Oui. En France, les charcutiers vendent du porc et les bouchers vendent les autres sortes de viande.

JEAN Et pour le papier à lettres, on va à la pharmacie, n'est-ce pas ?
MARIE *(riant un peu)* Mais non. Les pharmaciens ne vendent que des médicaments et certains produits de beauté.
JEAN Ah, bon ! Alors, où faut-il aller ?
MARIE Va à la papeterie ou au bureau de tabac.
JEAN Si je comprends bien, les bouchers ne vendent pas de porc, les pharmaciens ne vendent que des médicaments, et on vend du papier à lettres dans les bureaux de tabac !
MARIE C'est ça. Remarque, tu peux toujours aller au supermarché,✦ si tu veux.
JEAN Oh non ! J'aime bien bavarder avec les marchands.

B. Écoutez et répétez

Écoutez le dialogue encore une fois et répétez chaque phrase après l'avoir entendue.

C. Substitutions

Changez les phrases suivantes en substituant les mots indiqués.

1. Où faut-il aller pour acheter du pain?
2. Il faut aller à la boulangerie.
3. Il faut aller chez le boulanger.
4. J'aime bien bavader avec les marchands.
5. Pour acheter du bœuf, allez à la boucherie.
6. Je veux acheter du papier à lettres.
7. J'ai besoin de papier à lettres.

D. Transformation avec *ne... que*

Changez les phrases suivantes en employant ***ne...que*** *pour insister sur les faits. Puis répétez chaque réponse correcte après l'avoir entendue.*

EXEMPLE Les pharmaciens vendent des médicaments.
Vous dites: *Les pharmaciens ne vendent que des médicaments.*

E. Poser des questions

Imaginez que vous parlez avec votre amie Françoise. Posez-lui les questions qu'on vous demande de poser à la forme ***tu****, puis répétez la réponse correcte après l'avoir entendue.*

F. Travail écrit

Écoutez les phrases suivantes et décidez si elles sont vraies ou fausses. Encerclez ***vrai*** *ou* ***faux*** *dans votre cahier selon le cas.*

EXEMPLE On achète le porc à la boucherie.
Vous encerclez: **vrai** **faux**

1. **vrai** **faux**
2. **vrai** **faux**
3. **vrai** **faux**
4. **vrai** **faux**
5. **vrai** **faux**
6. **vrai** **faux**

G. Dictée

Écoutez d'abord le paragraphe suivant, puis écrivez ce que vous entendez.

____

____

____

____

____

____

____

Maintenant écoutez le paragraphe à nouveau et vérifiez votre travail.

NOM ______________________________ CLASSE ______________ DATE ______________

GRAMMAR UNIT 7

Descriptive adjectives

LES ADJECTIFS

A. Substitutions

Changez les phrases suivantes, en substituant les mots indiqués.

1. Marie a une nouvelle robe blanche.
2. C'est un jeune homme maigre.
3. C'est une petite jeune fille brune.
4. C'est un bon restaurant.
5. Comment est Roger? Il est grand.
6. Comment est Marie? Elle est grande.

PLACE ET ACCORD DES ADJECTIFS

B. Transformation

Employez la forme correcte de l'adjectif indiqué avec chacun des mots suivants, puis répétez la réponse correcte après l'avoir entendue.

1. **Beau, bel, belle**

EXEMPLE un château Vous dites: *C'est un beau château.*

2. **Vieux, vieil, vieille**

EXEMPLE une église Vous dites: *C'est une vieille église.*

3. **Bon petit, bonne petite**

EXEMPLE un restaurant Vous dites: *C'est un bon petit restaurant.*

4. **Actif, active**

EXEMPLE un homme Vous dites: *C'est un homme actif.*

5. **Heureux, heureuse**

EXEMPLE un garçon Vous dites: *C'est un garçon heureux.*

C. Travail écrit

Déterminez si les adjectifs que vous entendez sont ***féminins*** *ou* ***masculins.*** *Encerclez la réponse correcte.*

EXEMPLE heureuse
Vous encerclez: (***féminin***) ***masculin***

1.	**féminin**	**masculin**	2.	**féminin**	**masculin**
3.	**féminin**	**masculin**	4.	**féminin**	**masculin**
5.	**féminin**	**masculin**	6.	**féminin**	**masculin**
7.	**féminin**	**masculin**	8.	**féminin**	**masculin**
9.	**féminin**	**masculin**	10.	**féminin**	**masculin**

PLURIEL DES ADJECTIFS

D. Transformation

Mettez les phrases que vous entendez ***au pluriel.*** *Faites tous les changements nécessaires. Puis répétez la réponse correcte après l'avoir entendues.*

EXEMPLES C'est un joli château.
Vous dites: *Ce sont de jolis châteaux.*

C'est un livre intéressant.
Vous dites: *Ce sont des livres intéressants.*

E. Travail écrit

Répondez par écrit et par des phrases complètes aux questions que vous entendez.

1. ______________________________
2. ______________________________
3. ______________________________
4. ______________________________
5. ______________________________

LA COMPARAISON DES ADJECTIFS

F. Substitutions

Changez les phrases suivantes en substituant les mots indiqués.

1. Marie est plus grande que sa cousine.
2. Charles est moins grand que sa cousine.
3. Il fait plus beau aujourd'hui qu'hier.
4. Ce restaurant est moins grand que ce restaurant-là.
5. Ma sœour est aussi mince que moi.
6. Mon frère est aussi grand que moi.

LE SUPERLATIF DES ADJECTIFS

G. Substitutions

Changez les phrases suivantes en substituant les mots indiqués.

1. C'est la plus longue rue de la ville.
2. Charles est l'étudiant le plus sérieux de la classe.
3. C'est le meilleur hôtel de la ville.

L'ADJECTIF *BON* ET L'ADVERBE *BIEN*

H. Substitutions

Changez les phrases suivantes en substituant les mots indiqués.

1. Aujourd'hui, je vais bien.
2. Ici, on mange bien.
3. Les repas sont bons dans cet hôtel.
4. Ce café-ci est meilleur que ce café-là.
5. Tu parles français mieux que moi.

I. Travail écrit

Écoutez les phrases suivantes et décidez si elles sont **vraies** *ou* **fausses.** *Encerclez la réponse correcte dans votre cahier.*

EXEMPLE Il fait plus chaud en hiver qu'en été.
Vous encerclez: ***vrai*** ***(faux)***

1. **vrai** **faux**
2. **vrai** **faux**
3. **vrai** **faux**
4. **vrai** **faux**
5. **vrai** **faux**
6. **vrai** **faux**

Complétez les phrases que vous entendez par **meilleur** *ou* **mieux** *selon le cas. Encerclez la réponse correcte dans votre cahier.*

EXEMPLE Je vais ____________
Vous encerclez: ***meilleur(e)*** ***(mieux)***

1. **meilleur(e)** **mieux**
2. **meilleur(e)** **mieux**
3. **meilleur(e)** **mieux**
4. **meilleur(e)** **mieux**
5. **meilleur(e)** **mieux**
6. **meilleur(e)** **mieux**

J. Questions-réponses

Comparons les temps et les saisons. Répondez avec les éléments donnés aux questions que vous entendez, puis répétez la réponse correcte après l'avoir entendue.

NOM ______________________ CLASSE ____________ DATE ______________

CONVERSATION 14

Une Invitation

A. Dialogue

Écoutez le dialogue

JEAN Je suis invité chez les Brown.✦ Tu les connais ?

ROGER Non, je ne les connais pas. Est-ce qu'ils sont américains ?

JEAN M. Brown est américain, mais sa femme est française.

ROGER Et comment l'as-tu connu ?*

JEAN C'est un vieil ami de mon père. Je l'ai vu plusieurs fois chez nous, à Philadelphie. Sa femme et lui ont toujours été très gentils pour moi.

ROGER Il habite en France depuis longtemps ?

JEAN Je ne sais pas au juste. Je crois qu'il est venu en France il y a cinq ou six ans. Avant ça, je sais qu'il a passé deux ou trois ans en Angleterre.

ROGER Et qu'est-ce qu'il est venu faire en France ?

JEAN Il est banquier.✦ Sa banque se trouve près de l'Opéra.✦ Mais lui, il habite près du bois de Boulogne.✦

ROGER Est-ce qu'il parle français ?

JEAN Très couramment, mais hélas, avec un fort accent américain.

B. Écoutez et répétez

Écoutez le dialogue encore une fois et répétez chaque phrase après l'avoir entendue.

C. Substitutions

Changez les phrases suivantes en substituant les mots indiqués.

1. Je crois qu'il est venu en France il y a <u>cinq ou six ans</u>.
2. Il a passé <u>deux ou trois ans</u> en Angleterre.
3. Sa profession? Il est <u>banquier</u>.

4. Où avez-vous fait sa connaissance?
5. C'est un vieil ami de mon père.
6. Où se trouve sa banque?
7. Sa banque se trouve près de l'Opéra.
8. Sa femme et lui ont toujours été très gentils pour moi.

D. Poser des questions

*Imaginez que je suis Jean. Posez-moi les questions suivantes à la forme **tu.** Puis répétez la réponse correcte après l'avoir entendue.*

E. Travail écrit

Répondez par écrit et par des phrases complètes aux questions que vous entendez.

1. ____________________
2. ____________________
3. ____________________
4. ____________________
5. ____________________
6. ____________________
7. ____________________

F. Dictée

Écoutez d'abord le paragraphe suivant, puis écrivez ce que vous entendez.

____

____

____

____

moins de choix (*less choice*). ____________________

____

Maintenant écoutez le paragraphe à nouveau et vérifiez votre travail.

NOM ______________________ CLASSE ____________ DATE ____________

GRAMMAR UNIT 8

Passé composé *of* -er *verbs*

A. Substitutions

Changez les phrases suivantes en substituant les mots indiqués. Puis répétez chaque phrase correcte après l'avoir entendue.

1. Hier, Jean a parlé français avec la concierge.
2. Jean et Roger ont travaillé hier après-midi.
3. Nous avons écouté des disques hier soir.
4. Nous n'avons pas regardé la télé hier soir.
5. Tu n'as pas encore déjeuné?
6. Mais si, j'ai déjà déjeuné à midi.
7. Qu'est-ce que tu as fait hier soir? J'ai étudié.

B. Transformation

La Négation du passé composé

Mettez les phrases que vous entendez à la forme négative. Puis répétez la réponse correcte après l'avoir entendue.

EXEMPLE J'ai déjeuné à midi.
Vous dites: *Je n'ai pas déjeuné à midi.*

C. Poser des questions

Parlons du déjeuner de Luc, hier. Poser les questions qui correspondent aux réponses que vous entendez, puis répétez la question correcte après l'avoir entendue.

EXEMPLE Luc a déjeuné à midi hier.
Vous dites: *Est-ce que Luc a déjeuné à midi hier?*

D. Du futur proche au passé composé

*Je vous dis ce que Catherine et moi allons faire ce soir et par hasard (*by chance*) vous me dites que vous avez fait ces mêmes choses hier soir avec elle. Pour ça, mettez les phrases que vous entendez au* ***passé composé.***

EXEMPLE Catherine et moi, nous allons dîner ensemble ce soir.
Vous dites: *Tiens! Nous aussi, nous avons dîné ensemble hier soir!*

E. Travail écrit

Répondez par des phrases complètes et par écrit aux questions personnelles que vous entendez.

1. ______________________________
2. ______________________________
3. ______________________________
4. ______________________________
5. ______________________________

Maintenant, toujours par écrit, écrivez les questions qu'on vous demande de poser à la forme ***tu.***

1. ______________________________
2. ______________________________
3. ______________________________
4. ______________________________
5. ______________________________
6. ______________________________

CONVERSATION 15

De bonnes affaires

A. Dialogue

Écoutez le dialogue

JEAN Tiens, Marie ! Salut ! Tu as l'air bien fatiguée.
MARIE Oui, j'ai marché tout l'après-midi.
JEAN Ah, bon ? Qu'est-ce que tu as fait ?
MARIE J'ai fait des courses.
JEAN Qu'est-ce que tu as acheté de beau ?
MARIE Pas mal de choses. Je suis d'abord allée à un Prisunic.
JEAN Un Prisunic ? Qu'est-ce que c'est que ça ?
MARIE C'est un magasin où on vend de tout à bon marché.
JEAN As-tu fait de bonnes affaires ?
MARIE Et comment ! J'ai eu beaucoup de succès ! J'ai découvert une robe sensationnelle. Et aussi ce pantalon — pas cher du tout. Comment le trouves-tu ?
JEAN Il te va à ravir.
MARIE Dis, je suis fatiguée. Tu veux aller prendre un pot avec moi ?
JEAN Avec plaisir ! Il y a un café tout près.
MARIE D'accord. Tu sais, j'ai voulu profiter du beau temps. Alors j'ai choisi d'aller en ville à pied, et maintenant je ne tiens plus debout !

B. Écoutez et répétez

Écoutez le dialogue encore une fois et répétez chaque phrase après l'avoir entendue.

C. Vocabulaire spécialisé

Répétez les mots suivants.

Les vêtements

un blue-jean
un pantalon
une jupe
un pull-over / un pull
un tee-shirt
une chemise
un chemisier
une cravate

une robe
un costume
une veste
un manteau
un anorak
un imper / un imperméable
des chaussettes
des chaussures

*Maintenant numérotez chaque dessin (*number each drawing*) de vêtement d'après ce que vous entendez.*

EXEMPLE 1. un blue-jean *(Mettez le chiffre 1 sous le blue-jean).*

_______ _______ _______ _______ _______

D. Substitutions

Changez les phrases suivantes en substituant les mots indiqués.

1. Cet après-midi j'ai fait des courses.
2. Je suis allé au Prisunic où j'ai acheté une robe.
3. Comment trouves-tu ma robe?
4. Cette robe rose te va à ravir.
5. J'ai marché tout l'après-midi et cette promenade m'a fait du bien.
6. Je suis allé en ville à pied parce que j'ai voulu profiter du beau temps.
7. Je suis allé en ville à pied et je suis un peu fatigué.

E. Questions-réponses

Parlez de votre soirée d'hier soir. Répondez ***affirmativement*** *aux questions que vous entendez en employant la forme* ***nous*** *dans vos réponses. Puis répétez la réponse correcte après l'avoir entendue.*

Maintenant parlez de votre journée d'hier. Répondez ***négativement*** *aux questions que vous entendez en employant la forme* ***je*** *dans vos réponses. Puis répétez la réponse correcte après l'avoir entendue.*

F. Travail écrit

Les courses

Imaginez que vous parlez à une amie à vous et que vous voulez savoir ce qu'elle à fait le week-end passé. Écrivez à la forme ***tu*** *les questions qu'on vous demande de poser.*

1. ______________________________
2. ______________________________
3. ______________________________
4. ______________________________
5. ______________________________

G. Dictée

Écoutez d'abord le paragraphe suivant, puis écrivez ce que vous entendez.

____

______________ **Philadelphie.** ______________

____

____

____

____

Maintenant écoutez le paragraphe à nouveau et vérifiez votre travail.

NOM ______________________ CLASSE ____________ DATE ____________

GRAMMAR UNIT 9

Passé composé of être *and* avoir*; second and third conjugation verbs (present tense and* passé composé*)*

LES VERBES *ÊTRE* ET *AVOIR*

A. Substitutions

Changez les phrases suivantes en substituant les mots indiqués.

1. J'ai été chez les Brown.
2. Les Brown ont été très gentils pour moi.
3. J'ai eu un rhume la semaine dernière.
4. Marie a eu beaucoup de succès.

B. Questions-réponses

Répondez ***affirmativement*** *aux questions que vous entendez, en employant la forme* ***nous.*** *Puis répétez la réponse correcte après l'avoir entendue.*

VERBES EN - *IR* ET EN - *RE*

C. Substitutions

Changez les phrases suivantes en substituant les mots indiqués.

1. En général, je finis mon travail à cinq heures.
2. Mais hier, j'ai fini mon travail à sept heures!
3. J'ai répondu à beaucoup de lettres hier.
4. Et aussi j'ai perdu beaucoup de temps hier.
5. Mais aujourd'hui, je ne perds pas de temps du tout!

VERBES EN - *IR*

D. Transformations

Mettez ces phrases que vous entendez au ***négatif.*** *Puis répétez la réponse correcte après l'avoir entendue.*

EXEMPLE Je finis la leçon.
Vous dites: *Je ne finis pas la leçon.*

Maintenant mettez le pronom sujet et le verbe au ***singulier.*** *Puis répétez la réponse correcte après l'avoir entendue.*

EXEMPLE Nous finissons le livre.
Vous dites: *Je finis le livre.*

E. Questions-réponses

Répondez ***affirmativement*** *ou* ***négativement*** *(comme indiqué) aux questions que vous entendez en employant la forme* ***je.*** *Puis répétez la réponse correcte après l'avoir entendue.*

EXEMPLE Choisissez-vous un livre? (Oui)
Vous dites: *Oui, je choisis un livre.*

F. Poser des questions

Imaginez que vous parlez à un ami que vous n'avez pas vu depuis quelques temps. Posez-lui les questions qu'on vous demande de lui poser, puis répétez la réponse correcte après l'avoir entendue.

VERBES EN - *RE*

G. Transformation

Mettez les phrases que vous entendez au ***négatif.*** *Puis répétez la réponse correcte après l'avoir entendue.*

EXEMPLE Je réponds à la question.
Vous dites: *Je ne réponds pas à la question.*

Maintenant, mettez le sujet et le verbe des phrases au ***singulier.*** *Puis répétez la réponse correcte après l'avoir entendue.*

EXEMPLE Nous vendons la maison.
Vous dites: *Je vends la maison.*

H. Questions-réponses

*Répondez **affirmativement** ou **négativement** (comme indiqué) et par une phrase complète aux questions que vous entendez. Puis répétez la réponse correcte après l'avoir entendue.*

I. Poser des questions

Vous rencontrez une amie. Posez-lui les questions qu'on vous demande de lui poser. Puis répétez la réponse correcte après l'avoir entendue.

J. Travail écrit

*Écrivez les phrases que vous entendez en les mettant au **passé composé.***

EXEMPLE: Aujourd'hui, je finis mon travail à cinq heures.
Vous écrivez: *Et hier aussi, j'ai fini mon travail à cinq heures.*

1. ______________________
2. ______________________
3. ______________________
4. ______________________
5. ______________________
6. ______________________

Maintenant, répondez par écrit et avec des phrases complètes aux questions que vous entendez.

1. ______________________
2. ______________________
3. ______________________
4. ______________________
5. ______________________
6. ______________________
7. ______________________

NOM ______________________ CLASSE ______________ DATE ______________

GRAMMAR UNIT 10

Passé composé *of verbs conjugated with* **être**

A. Substitutions

Changez les phrases suivantes en substituant les formes indiquées du verbe.

1. Jean est allé chez les Brown plusieurs fois.
2. À quelle heure êtes-vous arrivé en classe?
3. Je suis arrivé en classe à 9 heures.
4. Êtes-vous resté à la maison hier soir?
5. Non, je ne suis pas resté à la maison hier soir.

B. La négation

Un ami à vous décrit ce qu'il a fait hier soir, puis il vous demande ce que vous, vous avez fait. Répondez-lui que vous, vous n'avez pas fait comme lui en mettant ses phrases ***au négatif.*** *Puis répétez la réponse correcte après l'avoir entendue.*

EXEMPLE Je suis allé au restaurant hier soir. Et toi?
Vous dites: *Pas moi, je ne suis pas allé au restaurant hier soir.*

C. Poser des questions au passé composé

Vous voulez savoir ce que les personnes suivantes ont fait hier. Posez les questions qu'on vous demande de poser. Puis répétez la réponse correcte après l'avoir entendue.

EXEMPLE Demandez si Jean est allé au cinéma hier soir.
Vous dites: *Est-ce que Jean est allé au cinéma hier soir?*

D. Questions-réponses

Répondez ***affirmativement*** *ou* ***négativement*** *(comme indiqué) aux questions que vous entendez. Puis répétez la réponse correcte après l'avoir entendue.*

E. Transformation

Écoutez la petite histoire suivante de la soirée de Pierre et Catherine. Tout ce qu'ils font aujourd'hui, ils l'ont fait hier. Pour exprimer ça, mettez chaque phrase que vous entendez au ***passé composé.*** *Puis répétez la réponse correcte après l'avoir entendue.*

EXEMPLE Aujourd'hui, Catherine va chez Pierre.
Vous écrivez: *Hier aussi, Catherine est allée chez Pierre!*

F. Travail écrit

Répondez par écrit des phrases complètes aux questions personnelles que vous entendez.

1. ______________________________
2. ______________________________
3. ______________________________
4. ______________________________
5. ______________________________
6. ______________________________
7. ______________________________

Toujours par écrit, posez à une amie des questions à propos de ce qu'elle a fait ce weekend.

1. ______________________________
2. ______________________________
3. ______________________________
4. ______________________________
5. ______________________________
6. ______________________________
7. ______________________________

CONVERSATION 16

Louer (to rent) *un appartement*

A. Dialogue

Écoutez le dialogue

JEAN Bonjour, madame. Vous avez un appartement meublé à louer, n'est-ce pas ?
MME DUVAL Mais oui, monsieur. J'en ai un au premier.✦
JEAN Est-ce que je peux le voir ?
MME DUVAL Certainement, monsieur. Je vais vous le montrer. Par ici, s'il vous plaît. C'est la première porte à droite, en haut de l'escalier. *(ouvrant la porte)* Voici l'appartement. Comment le trouvez-vous ?
JEAN Il a l'air très agréable.
MME DUVAL Et il est très tranquille, monsieur. Il n'y a jamais de bruit dans le quartier.
JEAN Tant mieux, parce que j'ai besoin de travailler le soir.
MME DUVAL Voici la salle de bains. Nous avons le chauffage central, bien entendu, et l'eau chaude toute la journée.
JEAN Quel est le loyer, s'il vous plaît ?
MME DUVAL Trois mille quatre cents francs par mois, monsieur, tout compris.
JEAN Je crois que cet appartement nous conviendra tout à fait. Si ça ne vous dérange pas, mon ami viendra le voir demain matin.
MME DUVAL Sans problème, monsieur. Je serai là toute la journée.

B. Écoutez et répétez

Écoutez le dialogue encore une fois et répétez chaque phrase après l'avoir entendue.

C. Vocabulaire spécialisé

Répétez les mots suivants:

Le logement

une chambre
une salle de bains
un salon
une salle à manger
une cuisine
un W.C.

Les meubles

une table
un bureau
une cuisinière
un sofa
un lit
un frigo
un fauteuil
un tapis
une chaise
une armoire
une lampe

Maintenant, dites dans quelle pièce de la maison se trouvent les meubles suivants, puis répétez la réponse correcte après l'avoir entendue.

EXEMPLE l'armoire
Vous dites: *L'armoire se trouve dans la chambre.*

D. Substitutions

Changez les phrases suivantes en substituant les mots indiqués.

1. Vous avez un appartement meublé à louer, n'est-ce pas?
2. Oui, monsieur, j'en ai un au premier.
3. Dans l'appartement, il y a une grande cuisine.
4. Dans la cuisine, il y une table.
5. Dans la chambre, il y a un lit.
6. Dans la salle de séjour, il y a un fauteuil.
7. Est-ce que je peux voir l'appartement?
8. Mais oui. Par ici, monsieur.
9. Comment trouvez-vous l'appartement? Je le trouve très bien.
10. J'ai besoin de travailler le soir.
11. J'ai besoin d'un nouveau bureau.

E. La négation avec *ne...jamais*

Dites que vous ne faites jamais ce que moi, je fais. Changez les phrases que vous entendez au ***négatif,*** *en employant* ***ne...jamais.*** *Puis répétez la réponse correcte après l'avoir entendue.*

EXEMPLE Je déjeune souvent au restaurant. Et toi?
Vous dites: *Moi, je ne déjeune jamais au restaurant.*

Insistez sur la négation dans les phrases que vous entendez en changeant l'expression négative ***ne...pas*** *par l'expression négative* ***ne...jamais.*** *Puis répétez la réponse correcte après l'avoir entendue.*

EXEMPLE Jean ne commande pas de viande.
Vous dites: *En fait, Jean ne commande jamais de viande!*

F. Les pronoms compléments *le, la, les*

Vous visitez un appartement que vous voulez louer. Répondez aux questions de la concierge en employant le pronom complément et la description ***très bien****, puis répétez la réponse correcte après l'avoir entendue.*

EXEMPLE Comment trouvez-vous l'appartement?
Vous dites: *Je le trouve très bien.*

Maintenant vous êtes au restaurant où vous trouvez tout très bon. Répondez aux questions d'un ami en employant le pronom complément et la description ***très bon****, puis répétez la réponse correcte après l'avoir entendue. Attention à l'accord de l'adjectif* ***bon.***

EXEMPLE Comment trouves-tu la salade?
Vous dites: *Je la trouve très bonne.*

G. Travail écrit

Répondez par écrit et avec des phrases complètes aux questions que vous entendez.

1. ______________________________
2. ______________________________
3. ______________________________
4. ______________________________
5. ______________________________
6. ______________________________
7. ______________________________
8. ______________________________

H. Dictée

Écoutez d'abord le paragraphe suivant, puis écrivez ce que vous entendez.

____

____

____

____

______________ **Par exemple,** ______________

______________ **Prisunic** ______________

____

Maintenant écoutez le paragraphe à nouveau et vérifiez votre travail.

NOM ______________________________ CLASSE ____________ DATE ______________

GRAMMAR UNIT 11

Unstressed personal pronouns

LES PRONOMS OBJETS DIRECTS ET INDIRECTS

A. Substitutions

Au présent

Changez les phrases suivantes en substituant les pronoms indiqués. Puis répétez la réponse correcte après l'avoir entendue.

1. (le journal) Il me le donne.
2. (les hors-d'oeuvre) Il me les apporte.
3. (la carte) Elle me la montre.
4. (la route) Ils me l'indiquent.
5. (les nouvelles) Elles nous les annoncent.

B. Questions-réponses

Les pronoms *le, la, les*

*Répondez **affirmativement** aux questions que vous entendez en employant un pronom **le, la** ou **les** pour remplacer le nom dans la question. Puis répétez la réponse correcte après l'avoir entendue.*

Au présent: Parlons de vous en général.

EXEMPLE Est-ce que vous achetez le journal tous les jours?
Vous répondez: *Oui, je l'achète tous les jours.*

Au passé composé: Parlons d'hier soir.

EXEMPLE Est-ce que vous avez regardé le journal hier soir?
Vous répondez: *Oui, je l'ai regardé.*

Les pronoms *lui* et *leur* au présent: Parlons de vous en classe.

*Répondez toujours affirmativement aux questions que vous entendez, mais cette fois-ci en remplaçant le nom dans la question par le pronom **lui** ou **leur**. Puis répétez la réponse correcte après l'avoir entendue.*

EXEMPLE En entrant dans la classe, est-ce que vous dites toujours bonjour au professeur?
Vous répondez: *Oui, je lui dis toujours bonjour.*

C. Transformation

Les pronoms *lui* et *leur* au passé composé

*Un ami à vous parle de ce qu'il a fait en classe hier. Comme vous avez fait les mêmes choses, vous répétez les phrases qu'il dit mais en remplaçant le nom par le pronom **lui** ou **leur**. Puis répétez la réponse correcte après l'avoir entendue.*

EXEMPLE J'ai parlé au professeur hier.
Vous dites: *Moi aussi, je lui ai parlé hier.*

NOM ______________________________ CLASSE ______________ DATE ______________

D. Travail écrit

Répondez par écrit et par des phrases complètes aux questions personnelles que vous entendez. Remplaçez les noms dans les questions par le pronom qui convient.

D'abord, parlons de votre cours de français:

1. ______________________________
2. ______________________________
3. ______________________________
4. ______________________________
5. ______________________________

Maintenant, parlons d'hier soir:

6. ______________________________
7. ______________________________
8. ______________________________
9. ______________________________

LES PRONOMS *Y* ET *EN*

E. Substitution

Changez les phrases suivantes en substituant les pronoms indiqués. Puis répétez la réponse correcte après l'avoir entendue.

1. (des fruits) Il <u>vous</u> en donne beaucoup.
2. (des fruits) C'est vrai! Il <u>m'</u>en a vraiment donné beaucoup!
3. (du vin) Mon père <u>m'</u>en a donné.
4. (du vin) Oui, mais il <u>t'</u>en a seulement donné un peu.
5. (à la bibliothèque) <u>Tu</u> y <u>vas</u> ce soir?
6. (à la bibliothèque) Mais non, <u>j'y suis allé</u> hier soir.

F. Questions-réponses

Le pronom *en*

Vous êtes chez vous à l'heure du dîner et votre camarade de chambre vous pose quelques questions sur le dîner. Répondez aux questions que vous entendez en employant le pronom ***en****. Puis répétez la réponse correcte après l'avoir entendue.*

Exemple Y a-t-il des hors-d'oeuvre ce soir?
Vous répondez: *Oui, il y en a.*

G. Transformation

***En* + une expression de quantité**

Votre sœur vous décrit sa nouvelle chambre sur le campus. Comme c'est la même chose chez vous, vous répétez ce qu'elle vous dit en employant le pronom ***en*** *pour remplacer le nom dans la phrase et* ***l'expression de quantité*** *pour être précis. Puis répétez la réponse correcte après l'avoir entendue.*

EXEMPLE J'ai une chambre au rez-de-chaussée.
Vous dites: *Moi aussi, j'en ai une au rez-de-chaussée.*

H. Travail écrit

Vous êtes avec un ami dans un restaurant. Répondez par écrit et ***affirmativement*** *à ses questions en employant le pronom* ***en****.*

EXEMPLE Est-ce qu'il y a beaucoup de soupe ce soir?
Vous répondez: *Bien, sûr, il y en a beaucoup!*

1. ______________________________
2. ______________________________
3. ______________________________
4. ______________________________
5. ______________________________

NOM ______________________________ CLASSE ____________ DATE ______________

I. Questions-réponses

Le pronom *y*

Répondez ***affirmativement*** *ou* ***négativement*** *(comme indiqué) aux questions que vous entendez. Employez le pronom* ***y*** *dans vos réponses. Puis répétez la réponse correcte après l'avoir entendue.*

EXEMPLE Est-ce que tu réponds en français aux questions du professeur?
Vous répondez: *Oui, j'y réponds en français.*

J. Travail écrit

Récapitulation

Répondez par écrit aux questions suivantes en employant le pronom qui convient.

En classe

1. ______________________________
2. ______________________________
3. ______________________________
4. ______________________________

Le soir

5. ______________________________
6. ______________________________
7. ______________________________
8. ______________________________

Le weekend

9. ______________________________
10. ______________________________
11. ______________________________
12. ______________________________

NOM ______________________________ CLASSE ______________ DATE ______________

GRAMMAR UNIT 12

Reflexive verbs: present tense *and* passé composé

LE PRÉSENT DES VERBES PRONOMINAUX

A. Substitutions

Changez les phrases suivantes en substituant les mots indiqués.

1. Le matin, je me réveille en général à 7 heures.
2. Marie se réveille en général à 8 heures le matin.
3. Le weekend, nous nous réveillons à onze heures.
4. Quant à Jean, il se réveille tôt le weekend.
5. Au contraire, Roger se couche tard le weekend.

B. Questions-réponses

Répondez aux questions que vous entendez en utilisant les éléments donnés dans vos réponses. Puis répétez la réponse correcte après l'avoir entendue.

EXEMPLE À quelle heure est-ce que tu te réveilles? (10h)
Vous dites: *Je me réveille à 10h.*

C. Poser des questions à la forme *vous*

Imaginez que vous voulez mieux connaître les habitudes de vos nouveaux camarades de chambre. Posez les questions qu'on vous demande de leur poser. Utilisez **est-ce que**. *Puis répétez la réponse correcte après l'avoir entendue.*

EXEMPLE Demandez-leur à quelle heure ils se couchent en général.
Vous dites: *À quelle heure est-ce que vous vous couchez en général?*

D. Poser des questions à la forme *tu*

Maintenant vous parlez à un seul copain de ses habitudes pendant la semain. Posez les questions qu'on vous demande de lui poser. Utilisez **est-ce que** *et la forme* **tu**. *Puis répétez la réponse correcte après l'avoir entendue.*

LE PASSÉ COMPOSÉ DES VERBES PRONOMINAUX

E. Substitutions

Changez les phrases suivantes en substituant les mots indiqués.

Qu'est-ce que tu as fait le weekend passé?

1. Je me suis couché tard vendredi soir.

Vous amis vous ont rendu visite le mois passé. Comment avez-vous passé le weekend avec eux?

2. Nous nous sommes promenés en ville vendredi soir.

Jean a passé le weekend chez Roger. Qu'est-ce qu'ils ont fait pendant le weekend?

3. Ils se sont amusés à une surprise-partie vendredi soir.

Et Marie? Comment a-t-elle passé le weekend?

4. Elle s'est amusée en allant à la Comédie-Française vendredi soir.

F. Questions-réponses

Répondez aux questions que vos entendez en utilisant les éléments donnés dans vos réponses. Puis répétez la réponse correcte après l'avoir entendue.

G. Poser des questions à la forme *vous*

Vous rencontrez des amis le jour après avoir passé une soirée formidable avec eux. Posez -leur les questions qu'on vous demande de leur poser. Utilisez **est-ce que.** *Puis répétez la réponse correcte après l'avoir entendue.*

EXEMPLE Demandez-leur à quelle heure ils se sont couchés hier soir.
Vous dites: *À quelle heure est-ce que vous vous êtes couchés hier soir?*

H. Poser des questions à la forme *tu*

Maintenant vous parlez à une seule copine et vous voulez savoir ce qu'elle a fait le week-end passé. Posez les questions qu'on vous demande de lui poser. Utilisez **est-ce que** *et la forme* **tu**. *Puis répétez la réponse correcte après l'avoir entendue.*

I. Travail écrit

Récapitulation

Les personnes suivantes aiment leurs routines du matin. Ce qu'elles font ce matin, elle l'ont fait aussi hier matin. Pour exprimer cette idée, mettez par écrit les phrases que vous entendez ***au passé composé.***

EXEMPLE Ce matin, Roger se promène avec son chien.
Vous écrivez: *Hier matin, il s'est promené avec son chien aussi.*

1. ______________________
2. ______________________
3. ______________________
4. ______________________
5. ______________________
6. ______________________

NOM ______________________ CLASSE ____________ DATE ______________

CONVERSATION 17

En ville

A. Dialogue

Écoutez le dialogue

JEAN Qu'est-ce que tu feras ce week-end ?

MARIE J'irai en ville.

JEAN Ah, bon ? Qu'est-ce que tu y feras ?

MARIE Je ferai des courses. C'est l'anniversaire de Roger bientôt. Alors je lui achèterai un pull ou quelque chose comme ça.

JEAN Comment est-ce que tu iras en ville ?

MARIE J'irai à pied s'il fait beau.

JEAN Mais ça te fatiguera ! Pourquoi ne pas prendre le métro ?*

MARIE Tu sais bien que je n'aime pas prendre le métro.

JEAN Et qu'est-ce que tu feras s'il pleut ?

MARIE Je ne sais pas. Je prendrai un taxi probablement.

JEAN N'oublie pas que nous allons tous les trois au cinéma ce soir.

MARIE Ne t'en fais pas. Je n'oublierai pas.

JEAN À quelle heure Roger viendra-t-il te chercher ?

MARIE Il viendra me chercher à huit heures précises, a-t-il dit. Alors, viens donc vers huit heures.

JEAN Entendu. À ce soir.

B. Écoutez et répétez

Écoutez le dialogue encore une fois et répétez chaque phrase après l'avoir entendue.

C. Substitutions

Changez les phrases suivantes en substituant les mots indiqués.

1. Où irez-vous cet après-midi.
2. J'irai en ville.
3. Je rentrerai de bonne heure.

Le futur des verbes

Changez les phrases suivantes en substituant les formes indiquées du futur des verbes.

1. Cet après-midi, j'irai en ville.
2. Ce soir, nous irons au cinéma.
3. S'il pleut, André regardera la télé.

Le futur proche: *aller* + l'infinitif

Changez les phrases suivantes en substituant les formes de l'infinitif indiqué.

Qu'est-ce que tu vas faire ce soir?

1. Ce soir, je vais étudier.

Qu'est-ce que Marie et Roger vont faire ce soir?

2. Ce soir, ils vont dîner dans un bon restaurant.

Tes amis viennent chez toi ce week-end. Qu'est-ce que vous allez faire?

3. Ce weekend nous allons nous amuser.

D. Transformations

Les pronoms compléments

*Répondez **affirmativement** aux questions suivantes en substituant un pronom pour le nom objet direct. Puis répétez la réponse correcte après l'avoir entendue.*

EXEMPLE Est-ce que vous viendrez chercher Jean?
Vous répondez: *Oui, je viendrai le chercher.*

1. Est-ce que vous viendrez chercher Marie?
2. Vous irez chercher Roger?

E. Questions-réponses

*Répondez **affirmativement** aux questions suivantes, puis répétez la réponse correcte après l'avoir entendue.*

F. Travail écrit

Révision du passé composé des verbes réfléchis

Répondez par écrit et par des phrases complètes aux questions suivantes.

1. ______________________________
2. ______________________________
3. ______________________________
4. ______________________________
5. ______________________________

G. Dictée

Écoutez d'abord le paragraphe suivant, puis écrivez ce que vous entendez.

____

____

____

bâtiment *(building)* ______________________________

____

____

____

____

Maintenant écoutez le paragraphe à nouveau et vérifiez votre travail.

NOM ______________________ CLASSE ____________ DATE ____________

GRAMMAR UNIT 13

Future tense

A. Exercice de prononciation

[R] ***as in*** **Où irez-vous?**

Listen to the following words and phrases and repeat each carefully. Make it a point:

1. to keep the tip of your tongue against the lower front teeth when you pronounce each ***[R]***,
2. to pronounce the ***[R]*** with as little expenditure of breath as possible,
3. to keep the sound very short and light,
4. not to insert an extra vowel sound before ***[R]***.

Paris l'Amérique j'irai finir
je finirai je prendrai je rentrerai nous partirons
dans la rue êtes-vous sûr
À quelle heure viendrez-vous me chercher?
Rira bien qui rira le dernier.
Le rat de Riri se rue dans la rue pour rattrapper son raton peu prudent.

B. Substitutions

Changez les phrases suivantes en substituant les mots indiqués.

Un week-end à la campagne

1. Je finirai mon travail de bonne heure ce soir.

Plus tard ce soir, j'irai à la campagne.

2. Quand je serai à la campagne, je me lèverai tard.
3. S'il fait beau, nous ferons des promenades.
4. S'il pleut, je lirai des romans.
5. Ma mère sera contente quand mon frère et ma soeur arriveront.

C. Transformation

*Répétez les phrases que vous entendez en remplaçant **quand** par **lorsque.** Puis répétez la réponse correcte après l'avoir entendue.*

EXEMPLE Elle sera contente quand elle ira en ville avec sa soeur.
Vous dites: *Elle sera contente lorsqu'elle ira en ville avec sa soeur.*

D. Les pluriels

Mettez les phrases que vous entendez au pluriel. Puis répétez la réponse correcte après l'avoir entendue.

Je - nous

EXEMPLE Je déjeunerai à midi.
Vous dites: *Nous aussi, nous déjeunerons à midi.*

Tu - vous

EXEMPLE Tu déjeuneras à midi.
Vous dites: *Vous aussi, vous déjeunerez à midi.*

Il - ils

EXEMPLE Jean aussi, il prendra un taxi pour aller au bureau.
Vous dites: *Roger et Marie aussi prendront un taxi pour aller au bureau demain.*

E. Travail écrit

Maintenant, comme dans l'exercice précédent mais cette fois par écrit, mettez les phrases que vous entendez au pluriel.

1. Jean et Roger aussi ____________________
2. Vous aussi, vous ____________________
3. Nous aussi, nous ____________________
4. Jean et Roger aussi ____________________
5. Vous aussi, vous ____________________

F. Questions-réponses

Dites ce que vous ferez demain. Répondez avec les éléments donnés aux questions que vous entendez, puis répétez la réponse correcte après l'avoir entendue.

EXEMPLE Est-ce que vous vous lèverez tôt demain matin? (Oui)
Vous répondez: *Oui, je me lèverai tôt demain matin.*

G. Poser des questions

Vous voulez savoir ce que votre meilleur ami fera cet été. Posez-lui les questions qu'on vous demande de poser à la forme **tu** *et avec* **est-ce que.** *Puis répétez la réponse correcte après l'avoir entendue.*

EXEMPLE Demandez à votre ami s'il partira en vacances en juin.
Vous dites: *Est-ce que tu partiras en vacances en juin?*

H. Du présent au futur

Mettez les phrases que vous entendez au futur, puis répétez la réponse correcte après l'avoir entendue.

EXEMPLE Je vais en ville ce soir.
Vous dites: *J'irai en ville ce soir.*

I. Travail écrit

Mettez les phrases que vous entendez au futur mais cette fois-ci par écrit.

EXEMPLE Jean fait un voyage, Marie aussi, elle.
Vous écrivez: *Marie aussi, elle fera un voyage ce weekend.*

1. Marie aussi, elle ____________
2. Francine et sa mère aussi ____________
3. Nous aussi, nous ____________
4. Moi aussi, je ____________
5. Toi aussi, tu ____________
6. Vous aussi, vous ____________

J. Le futur proche *(aller + l'infinitif)*

Parlez de ce que les gens suivants feront ce week-end. Répondez aux questions en disant ***c'est vrai*** *et en mettant le verbe que vous entendez du futur au futur proche. Puis répétez la réponse correcte après l'avoir entendue.*

EXEMPLE Vous irez en ville, n'est-ce pas?
Vous dites: *C'est vrai. Je vais aller en ville.*

K. Quand + le futur

Changez les phrases que vous entendez en employant **quand + le futur.**
Puis répétez la réponse correcte après l'avoir entendue.

EXEMPLE Si j'ai le temps, je lirai ce roman.
Vous dites: *Quand j'aurai le temps, je lirai ce roman.*

RÉVISION DE QUELQUES EXPRESSIONS DE TEMPS

L. Substitutions

Changez les phrases suivantes en substituant les mots indiqués.

1. Je reviendrai tout à l'heure.
2. J'ai travaillé toute la journée.
3. Nous sommes ici depuis longtemps.
4. Je vais quelquefois au cinéma.

M. Travail écrit

Écoutez les phrases et finissez-les logiquement avec une expression de temps différente pour chacune d'elles.

EXEMPLE Nous allons au cinéma…
Vous écrivez: *souvent* ou *une fois par semaine*

1. ______________________________
2. ______________________________
3. ______________________________
4. ______________________________
5. ______________________________
6. ______________________________

CONVERSATION 18

À la Gare de l'Est

A. Dialogue

Écoutez le dialogue

Au guichet, à la Gare de l'Est✦

JEAN Je voudrais un billet aller-retour pour Reims.

L'EMPLOYÉ Quelle classe, monsieur ?

JEAN Seconde, s'il vous plaît. Combien de temps est-ce que ce billet est bon ?

L'EMPLOYÉ Quinze jours,✦ monsieur.

JEAN Est-ce que je dois changer de train en route ?

L'EMPLOYÉ Oui, vous devez changer à Épernay.

JEAN Combien de temps est-ce qu'il faut attendre la correspondance ?

L'EMPLOYÉ Vous aurez à peu près une demi-heure à Épernay.

Sur le quai, à Épernay

JEAN Pardon, monsieur. Est-ce que le train pour Reims est à l'heure ?

L'EMPLOYÉ Oui, monsieur. En France, les trains ne sont jamais en retard.✦

JEAN Oh, vraiment ? Dans ce cas-là, est-ce que j'aurai le temps d'aller au buffet ?

L'EMPLOYÉ Vous pouvez essayer, mais dépêchez-vous. Le train s'arrête seulement trois minutes. Si vous manquez ce train, vous serez obligé de passer la nuit à Épernay.

B. Écoutez et répétez

Écoutez le dialogue encore une fois et répétez chaque phrase après l'avoir entendue.

C. Substitutions

À la gare

Changez les phrases suivantes en substituant les mots indiqués.

1. Je voudrais un billet aller-retour pour Reims.
2. Est-ce que je dois changer de train?
3. Vous devez changer de train à Epernay.
4. Le train est à l'heure, monsieur.
5. J'aurai le temps d'aller au buffet.

D. Poser des questions

L'expression *combien de temps*

Vous êtes dur d'oreille. Alors, quand on vous dit quelque chose vous demandez qu'on répète (You are hard of hearing. Therefore when people say something to you, you ask that they repeat themselves). *Posez les questions qu'on vous demande de poser, puis répétez la réponse correcte après l'avoir entendue.*

EXEMPLE Il faut attendre vingt minutes.
Vous demandez: *Excusez-moi! Combien de temps faut-il attendre?*

Elle a voyagé en Europe pendant deux mois.
Vous demandez: *Excusez-moi! Combien de temps est-ce qu'elle a voyagé en Europe?*

E. Transformation

L'expression *vous devez + l'infinitif*

Remplacez l'impératif par **vous devez + l'infinitif***, puis répétez la réponse correcte après l'avoir entendue.*

EXEMPLE Parlez français dans cette classe.
Vous dites: *Vous devez parler français dans cette classe.*

L'expression *vers*

Changez les phrases suivantes en remplaçant **à** *par* **vers***.*

EXEMPLE Le matin, je me lève à sept heures.
Vous dites: *Le matin, je me lève vers sept heures.*

L'expression *à peu près*

Changez les phrases suivantes en employant **à peu près** *devant l'heure ou le moment indiqué.*

EXEMPLE La visite de la cathédrale dure une heure.
Vous dites: *La visite de la cathédrale dure à peu près une heure.*

F. Travail écrit

Parlons de voyage. Répondez par écrit et par des phrases complètes aux questions que vous entendez.

1. ______________________________
2. ______________________________
3. ______________________________
4. ______________________________
5. ______________________________
6. ______________________________

G. Dictée

____

____

____

____

____

____

____

Maintenant écoutez le paragraphe à nouveau et vérifiez votre travail.

NOM ______________________________ CLASSE ______________ DATE ________________

CONVERSATION 19

Au musée du Jeu de Paume✦

A. Dialogue

Écoutez le dialogue

MARIE Est-ce que tu voudrais jeter un coup d'œil sur le musée du Jeu de Paume ?
JEAN Qu'est-ce que c'est que ça ?
MARIE C'est le musée des Impressionnistes : Manet, Monet, Renoir et beaucoup d'autres.
JEAN Pourquoi appelle-t-on ces gens-là des impressionnistes ?
MARIE À cause d'un tableau de Monet intitulé *Impression.* Il représente le lever du soleil au bord de la mer. Un critique qui n'aimait pas les nouveaux peintres leur a donné le nom d'impressionnistes, et le nom est resté.

À la sortie du musée
MARIE On vend ici des reproductions de tableaux. Est-ce que cela t'intéresse ?
JEAN Mais oui. Voici justement un tableau de Manet qui me plaît beaucoup. *(Il regarde le titre: Le Déjeuner sur l'herbe.)* *(à la vendeuse)* C'est combien ?

LA VENDEUSE Soixante-quinze francs, monsieur.
JEAN Bon, donnez-le-moi, s'il vous plaît. *(à Marie)* Je vais le mettre sur le mur de ma chambre.

B. Écoutez et répétez

Écoutez le dialogue encore une fois et répétez chaque phrase après l'avoir entendue.

C. Substitutions

Changez les phrases suivantes en substituant les mots indiqués.

1. Est-ce que tu voudrais jeter un coup d'œil sur <u>le musée</u>?
2. Est-ce que tu voudrais jeter un coup d'œil sur le musée? <u>Je veux bien</u>.
3. Voici un tableau de <u>Monet</u> qui me plaît.

D. Transformation

Répétez les phrases que vous entendez en changeant le pronom complément d'après le nom donné. Puis répétez la réponse correcte après l'avoir entendue.

EXEMPLE (Le livre) Montre-le-moi, s'il te plaît. (la reproduction)
Vous dites: *Montre-la-moi, s'il te plaît.*

E. Poser des questions

Imaginez que vous êtes à Paris avec un ami. Posez-lui les questions qu'on vous demande de lui poser, puis répétez la réponse correcte après l'avoir entendue.

F. Travail écrit

Répondez par écrit et par des phrases complètes aux questions que vous entendez.

1. ________________________________
2. ________________________________
3. ________________________________
4. ________________________________
5. ________________________________

G. Dictée

Écoutez d'abord le paragraphe suivant, puis écrivez ce que vous entendez.

____

____

__________ **l'Est** __________

____

____

________________________________ **Épernay.**

__________ **Épernay,** __________

____

____

Maintenant écoutez le paragraphe à nouveau et vérifiez votre travail.

NOM ______________________________ CLASSE ______________ DATE ______________

GRAMMAR UNIT 14

Imperatives

A. Substitutions

On est à table. Vous êtes chez les parents d'un ami. Vous parlez aux parents:

1. "Passez-moi le pain, s'il vous plaît."

On est à l'école. Les élèves ne sont pas sages. Voici ce que l'instituteur impatient leur dit:

2. "Mais faites attention!"

On est dans le train. Il y a une petite fille qui n'est pas très sage. Voici ce que sa mère lui dit:

3. "Mais fais attention!"

On est à l'université. Le professeur dirige les activités.

4. "Répétez la phrase, s'il vous plaît."

B. Transformation

Changez les phrases suivantes en employant les mots indiqués.

Vous suggérez à des copains (à la forme **nous) quelques activités à faire pour ce week-end.**

1. EXEMPLE (aller en ville) Vous dites: *Allons en ville.*

Une mère parle à son fils:

2. **EXEMPLE** (se coucher) Vous dites: *Couche-toi de bonne heure!*

On est à table. Les membres de la famille se parlent:

3. **EXEMPLE** (passer le pain) *Passe-moi le pain, s'il te plaît.*

C. Suivre des ordres

L'impératif affirmatif

*Vous avez des enfants et vous leur donnez des ordres. Dites-leur ce qu'on vous dit de leur dire. Mettez les verbes que vous entendez à l'**impératif affirmatif**. Puis répétez la réponse correcte après l'avoir entendue.*

EXEMPLE Dites à vos enfants de se coucher de bonne heure.
Vous dites: *Couchez-vous de bonne heure!*

L'impératif négatif

*Pour changer, vous donnez des ordres à votre prof de français. Dites-lui ce qu'on vous dit de lui dire. Mettez les verbes que vous entendez à l'**impératif négatif**. Puis répétez la réponse correcte après l'avoir entendue.*

EXEMPLE Dites à votre prof de ne pas parler si vite.
Vous dites: *Ne parlez pas si vite!*

L'impératif à la forme *tu*

Votre camarade de chambre à de très mauvaises habitudes. Donnez-lui les ordres qu'on vous demande de lui donner. Puis répétez la réponse correcte après l'avoir entendue.

EXEMPLE Dites-lui de ne pas se coucher si tard le soir.
Vous dites: *Ne te couche pas si tard le soir!*

NOM ______________________ CLASSE ____________ DATE ____________

D. Travail écrit

Maintenant écrivez les ordres qu'on vous demande de donner. Déterminez si vous devez employer la forme **vous** *ou* **tu** *d'après la personne à qui vous donnez des ordres.*

EXEMPLE Dites à Catherine de se calmer un peu.
Vous écrivez: *Calme-toi un peu!*
(mais)
Dites à Roger et Marie de se calmer un peu.
Vous écrivez: *Calmez-vous un peu!*

1. ______________________________
2. ______________________________
3. ______________________________
4. ______________________________
5. ______________________________
6. ______________________________

E. L'impératif et les formules de politesse

Changez les ordres que vous entendez en formule plus polie en commençant vos phrases par **Peux-tu**. *Puis répétez les réponses correctes après les avoir entendues.*

EXEMPLE Passe-moi le sel, s'il te plaît!
Vous dites: *Peux-tu me passer le sel, s'il te plaît!*

CONVERSATION 20

À l'arrêt d'autobus

A. Dialogue

Écoutez le dialogue

ROGER Tiens ! Bonjour, Marie. Qu'est-ce que tu fais ici ?
MARIE Comme tu vois, j'attends l'autobus. Il y a bien un quart d'heure que je l'attends.
ROGER Vraiment ?
MARIE Un autobus est passé il y a dix minutes. Je n'ai pas pu monter. Pas de place — complet.
ROGER En voici un autre qui arrive.
MARIE Je vois des gens debout.
ROGER Ça ne fait rien. Montons quand même.

Dans l'autobus
MARIE On est serré comme des sardines !
ROGER Il y aura peut-être de la place plus loin, quand les gens commenceront à descendre.
MARIE Espérons-le.
ROGER Où descends-tu ?
MARIE À l'arrêt de la rue de Rivoli. Je vais faire des achats.
ROGER Et moi, je vais chez le coiffeur, rue du Quatre septembre. Si tu veux, je ferai un petit bout de chemin avec toi.

MARIE D'ac. Ce serait gentil de ta part.

B. Écoutez et répétez

Écoutez le dialogue encore une fois et répétez chaque phrase après l'avoir entendue.

C. Substitutions

À l'arrêt d'autobus

Changez les phrases suivantes en substituant les mots indiqués.

1. Depuis combien de temps est-ce que tu attends l'autobus?
2. Il y a bien un quart d'heure que j'attends l'autobus.
3. Il n'est pas passé d'autobus depuis un quart d'heure?
4. Si. Il en est passé un.
5. Je n'ai pas pu monter.
6. Pas de place.

D. Révision du pronom *y*

*Répondez **affirmativement** aux questions que vous entendez en employant le pronom **y** dans vos réponses. Puis répétez la réponse correcte après l'avoir entendue.*

EXEMPLE Est-ce que tu vas à la bibliothèque cet après-midi?
Vous répondez: *Oui, j'y vais.*

E. Transformation

L'expression *depuis longtemps*

Vous parlez avec une amie qui vous dit ce qu'elle n'a pas fait récemment. Dites que, comme elle, vous n'avez pas fait ces choses, mais que, pour vous, c'est depuis longtemps. Puis répétez la réponse correcte après l'avoir entendue.

EXEMPLE Je n'ai pas vu ma mère récemment.
Vous dites: *Moi non plus, je n'ai pas vu ma mère depuis longtemps.*

L'expression *Il y a longtemps que...*

À nouveau, votre amie dit qu'elle n'a pas fait certaines choses récemment. Et vous, vous lui répondez qu'il y a longtemps que vous n'avez pas fait ces choses non plus. Puis répétez la réponse correcte après l'avoir entendue.

EXEMPLE Je n'ai pas écrit à ma sœur récemment.
Vous dites: *Moi, il y a longtemps que je n'ai pas écrit à ma sœur.*

TEMPS, HEURE OU *FOIS?*

F. Poser des questions

Formez la question qui correspond à la réponse que vous entendez. Commencez vos questions avec ***Combien de temps*** *ou* ***Combien de fois*** *selon le cas. Puis répétez la question correcte après l'avoir entendue.*

EXEMPLES J'étudie trois heures tous les soirs.
Vous dites: *Combien de temps est-ce que vous étudiez tous les soirs?*
Je fais les courses deux fois par semaine.
Vous dites: *Combien de fois par semaine est-ce que vous faites les courses?*

G. Travail écrit

Complétez les phrases que vous entendez avec le mot qui convient: ***temps, heure*** *ou* ***fois.*** *Encerclez ce mot, selon le cas.*

EXEMPLE Quelle ______________ est-il? Il est dix heures.
Vous éncerclez: **temps** (**heure**) **fois**

1. **temps heure fois**
2. **temps heure fois**
3. **temps heure fois**
4. **temps heure fois**
5. **temps heure fois**
6. **temps heure fois**

H. Dictée

Écoutez d'abord le paragraphe suivant, puis écrivez ce que vous entendez.

____

______________________________ **Tuileries** ______________________________

____

Jeu de Paume. ____

______________________________ **Monet** ______________________________

____

____ **Manet** ______________

____

Maintenant écoutez le paragraphe à nouveau et vérifiez votre travail.

NOM ______________________________CLASSE ______________DATE ________________

GRAMMAR UNIT 15

Stressed personal pronouns

A. Substitutions

Changez les phrases suivantes en substituant les mots indiqués.

Les pronoms disjonctifs

Hier soir:

1. Charles a passé la soirée chez moi.
2. Lui et moi, nous avons écouté des disques.
3. Nous avons parlé de toi.
4. Il dit qu'il n'a plus confiance en toi.

Les pronoms à l'impératif

Au restaurant

1. Monsieur, s'il vous plaît, montrez moi la carte.
2. Apportez-moi le plat de viande, s'il vous plaît.
3. Non, merci. Ne me donnez pas de café.
4. Mais donnez-moi l'addition, s'il vous plaît.

LES PRONOMS DISJONCTIFS APRÈS UNE PRÉPOSITION

B. Questions-réponses

*Répondez **affirmativement** aux questions que vous entendez en employant un **pronom disjonctif**. Puis répétez la réponse correcte après l'avoir entendue.*

EXEMPLE Êtes-vous allé chez vos amis hier soir?
Vous répondez: *Oui, je suis allé chez eux.*

LE PRONOM DISJONCTIF + *MÊME*

C. Comment exprimer la surprise

Exprimez votre surprise de ce que vous entendez au sujet des personnes suivantes en employant le ***pronom disjonctif*** *+* ***même****. Puis répétez la réponse correcte après l'avoir entendue.*

EXEMPLE Roger fait les courses.
Vous dites: *Il fait les courses lui-même?*

LE PRONOM *EN* ET LE PRONOM DISJONCTIF

D. Questions-réponses

Répondez ***affirmativement*** *ou* ***négativement*** *(comme indiqué) aux questions que vous entendez en employant le pronom* ***en*** *pour les choses ou le* ***pronom disjonctif*** *pour les personnes. Puis répétez la réponse correcte après l'avoir entendue.*

EXEMPLE Est-ce que tu as besoin d'argent? (Oui)
Vous répondez: *Oui, j'en ai besoin.*
(mais)
Est-ce que tu as besoin de tes parents? (Oui)
Vous répondez: *Oui, j'ai besoin d'eux.*

LES PRONOMS À L'IMPÉRATIF

E. À table

Vous êtes à table avec votre famille et vous demandez les choses suivantes. Employez le pronom qui correspond au nom donné. Puis répétez la réponse correcte après l'avoir entendue.

EXEMPLE le pain
Vous dites: *Passe-le-moi, s'il te plaît.*

F. Au restaurant

Vous êtes au restaurant et vous ne désirez pas les choses qu'on vous propose. Employez le verbe ***donner*** *à l'****impératif négatif*** *et le* ***pronom*** *qui correspond au nom donné. Puis répétez la réponse correcte après l'avoir entendue.*

EXEMPLE La soupe du jour?
Vous répondez: *Pas pour moi, merci. Ne me la donnez pas.*

G. Dans un magasin

Vous êtes dans un magasin et la vendeuse vous propose certaines choses. Demandez-lui de vous en montrer une certaine quantité. Puis répétez la réponse correcte après l'avoir entendue.

EXEMPLE Je vous montre ces gants? (une paire)
Vous répondez: *Oui, montrez-m'en une paire, s'il vous plaît.*

H. Travail écrit

Répondez par écrit et avec des ***pronoms*** *aux questions que vous entendez.*

1. ______________________________
2. ______________________________
3. ______________________________
4. ______________________________
5. ______________________________
6. ______________________________

Toujours par écrit, employez un verbe tel que ***montrer, apporter, donner*** *etc...et des* ***pronoms*** *pour demander les choses suivantes.*

EXEMPLE le pain
Vous écrivez: *Passe-le-moi.*
(mais)
du pain
Vous écrivez: *Donne-m'en.*

1. ______________________________
2. ______________________________
3. ______________________________
4. ______________________________
5. ______________________________
6. ______________________________

CONVERSATION 21

Souvenirs d'enfance

A. Dialogue

Écoutez le dialogue

ROGER Regarde. C'est moi, là, quand j'avais douze ans. Que j'avais l'air bête !
JEAN Où habitais-tu à ce moment-là ?

ROGER Nous habitions une petite ville dans les Alpes.
JEAN Et où est-ce que tu allais à l'école ?
ROGER J'étais pensionnaire dans un collège✦ à Lyon. Je rentrais voir mes parents tous les week-ends, ou presque.
JEAN C'était dur ?
ROGER Oui et non. J'étudiais beaucoup et je n'avais pas beaucoup de temps pour m'amuser. Tu sais, c'est ça, l'école en France — pas très amusant.
JEAN Tu n'as pas l'air d'en avoir de très bons souvenirs !
ROGER Mais si, quand même ! J'y ai beaucoup appris. Et puis il y avait les copains...
JEAN Est-ce que tu es retourné dans ta petite ville natale ?
ROGER Oui, il y a quelques années. On y a construit une usine de produits chimiques.✦ À part ça, ça n'a pas beaucoup changé.

B. Écoutez et répétez

Écoutez le dialogue encore une fois et répétez chaque phrase après l'avoir entendue.

C. Substitutions

L'usage de l'imparfait

Changez les phrases suivantes en substituant les mots indiqués.

1. À quelle école est-ce que tu allais quand tu avais <u>12 ans</u>?
2. <u>J'allais</u> à une petite école tout près de la maison.

3. Où est-ce que tu habitais à ce moment-là?
4. J'habitais une petite ville dans les Alpes.

Des expressions de temps

Changez les phrases suivantes en substituant les expressions indiquées.

Expressions pour indiquer le passé

1. J'y suis retourné il y a quelques années. Rien n'a changé.

Expressions pour indiquer la durée

2. Il a travaillé toute la journée.

Expressions pour indiquer un moment précis

3. Il est parti ce matin.

D. Questions-réponses

Parlez de vous et de votre école quand vous aviez 16 ans. Répondez aux questions que vous entendez avec les éléments donnés. Puis répétez la réponse correcte après l'avoir entendue.

EXEMPLE Quand vous aviez 16 ans, est-ce que vous alliez à l'école tous les jours? (Oui)
Vous répondez: *Oui, j'allais à l'école tous les jours.*

E. Poser des questions

Vous voulez mieux connaître l'enfance d'un copain et ses vacances surtout. Posez-lui les questions qu'on vous demande de lui poser. Puis répétez la réponse correcte après l'avoir entendue.

NOM ______________________ CLASSE ______________ DATE ______________

F. Dictée

D'abord écoutez le paragraphe suivant, puis écrivez ce que vous entendez.

______________________ Suivant, ______________________

Rivoli ______________________

Maintenant écoutez le paragraphe à nouveau et vérifiez votre travail.

NOM ______________________ CLASSE ______________ DATE ______________

GRAMMAR UNIT 16

The imperfect tense

A. Substitutions

Rencontre dans la rue

Changez les phrases suivantes en substituant les mots indiqués.

1. Quand j'ai quitté la maison ce matin, <u>il faisait beau</u>.
2. <u>J'attendais</u> l'autobus depuis un quart d'heure quand Roger est arrivé.
3. <u>Roger et moi, nous allions</u> au bureau quand <u>nous avons</u> rencontré Charles.
4. Quelle surprise! <u>Nous</u> croyions que Charles était en Europe.
5. <u>Je comptais</u> arriver au bureau à l'heure mais <u>j'étais</u> en retard à cause de l'autobus.

B. Questions-réponses

Parlez de vous et de vos frères et sœurs quand vous aviez ***six ans****. Répondez* ***affirmativement*** *et à la forme* ***nous*** *aux questions que vous entendez. Puis répétez la réponse correcte après l'avoir entendue.*

EXEMPLE Quand vous aviez 6 ans, est-ce que vous alliez à l'école tous les jours?
Vous répondez: *Oui, nous allions à l'école tous les jours.*

C. Transformation

Maintenant, contrastez la vie de Marc au présent à l'âge de ***20 ans****, et sa vie quand vous le connaissiez à l'âge de* ***13 ans****. Pour ça, redites les phrases que vous entendez en utilisant les éléments donnés et en employant l'****imparfait****. Puis répétez la réponse correcte après l'avoir entendue.*

EXEMPLE Maintenant, Mark habite dans une petite ville. (une grande ville)
Vous dites: *Mais à treize ans, il habitait dans une grande ville.*

D. Poser des questions

Vous parlez à un copain de sa journée d'hier. Posez-lui les questions qu'on vous demande de lui poser. Puis répétez la réponse correcte après l'avoir entendue.

E. Travail écrit

Maintenant, décrivez votre vie quand vous aviez ***13 ans*** *en répondant par écrit et avec des phrases complètes aux questions que vous entendez.*

EXEMPLE À quelle heure est-ce que vous vous leviez le matin?
Vous écrivez: *À 13 ans, je me levais à 7 heures et demie.*

1. ______________________________
2. ______________________________
3. ______________________________
4. ______________________________
5. ______________________________
6. ______________________________
7. ______________________________
8. ______________________________

CONVERSATION 22

Un Rhume

A. Dialogue

Écoutez le dialogue

JEAN Salut, Marie. Je ne t'ai pas vue chez les Bedel samedi soir. J'espérais pourtant t'y voir.
MARIE Je suis restée à la maison ce soir-là. Je ne me sentais pas très bien, et je me suis couchée de bonne heure.
JEAN J'espère que ce n'était rien de sérieux.
MARIE Je l'espérais aussi. Mais le lendemain, je toussais, j'avais un peu de fièvre et j'avais mal à la gorge.
JEAN Es-tu allée chez le médecin ?✦
MARIE Tu plaisantes ! C'était simplement un rhume, alors j'ai bu beaucoup de jus d'orange et j'ai pris de l'aspirine.
JEAN Tu as encore bien mauvaise mine. Où est-ce que tu as attrapé ça ?
MARIE Je n'en sais rien du tout.
JEAN En tout cas, tu ferais bien de te reposer. Et soigne-toi bien !

B. Écoutez et répétez

Écoutez le dialogue encore une fois et répétez chaque phrase après l'avoir entendue.

C. Substitutions

Changez les phrases suivantes en substituant les mots indiqués.

1. Je ne me sentais pas très bien, alors je me suis couché de bonne heure.
2. J'espérais que cela n'était rien.
3. J'espérais que ce n'était rien. Mais le lendemain je toussais.
4. J'espérais que ce n'était rien. Mais le lendemain, j'avais la grippe.
5. Le pharmacien m'a conseillé de prendre de l'aspirine.
6. Jean m'a dit: "Tu ferais bien de te reposer."

D. Révision de l'imparfait

*Dites comment vous alliez hier en changeant les phrases que vous entendez du présent à l'**imparfait**.*

EXEMPLE Je ne me sens pas très bien aujourd'hui.
Vous dites: *Moi, je ne me sentais pas très bien hier.*

E. Questions-Réponses

Parlons de votre santé. Répondez aux questions que vous entendez en employant les éléments donnés dans vos réponses. Puis répétez la réponse correcte après l'avoir entendue.

F. Travail écrit

*Écrivez **deux** symptômes des maladies que vous entendez, puis écrivez **deux** conseils qu'un docteur donnerait au malade pour se soigner (employez l'**impératif**). Variez les symptômes et les conseils.*

EXEMPLE Le malade dit: Docteur, j'ai un gros rhume.
Vous écrivez: *J'ai mal à la tête et je tousse beaucoup.*
Le docteur conseille:
Vous écrivez: *Prenez un aspirine et buvez du jus d'orange.*

1. Le malade: ______________________________

____

Le docteur conseille: ______________________________

____

2. Le malade: ______________________________

____

Le docteur conseille: ______________________________

____

3. Le malade: ______________________________

____

Le docteur conseille: ______________________________

____

4. Le malade: ____

____

Le docteur conseille: ______________________________________

____

G. Dictée

D'abord écoutez le paragraphe suivant, puis écrivez ce que vous entendez.

____

____

Alpes. ____

______________________________ **Lyon,** ____________________

____

____

____

____

Maintenant écoutez le paragraphe à nouveau et vérifiez votre travail.

NOM ______________________________ CLASSE ____________ DATE ______________

CONVERSATION 23

À la dernière minute

A. Dialogue

Écoutez le dialogue

MARIE Maman, est-ce que tu es prête ? Nous avons rendez-vous à sept heures et demie et il est presque l'heure de partir.

MME BONNIER Aïe, aïe, aïe ! Ça ne t'ennuierait pas de m'aider ? Je cherche mon écharpe rouge, et je ne sais vraiment pas où je l'ai mise.

MARIE Je peux te prêter une des miennes, si tu veux. Tiens, en voici une qui ressemble un peu à la tienne.

MME BONNIER Merci, c'est gentil. À quelle heure Roger vient-il nous chercher ?

MARIE À sept heures et quart. Il vient nous chercher avec sa nouvelle voiture.

MME BONNIER *(regardant par la fenêtre)* Tiens, voilà une auto qui s'arrête devant la porte. De quelle couleur est la sienne ?

MARIE Je crois qu'elle est grise.

MME BONNIER C'est sans doute lui. Oh, zut ! Maintenant, où est mon sac ?

MARIE *(riant)* Je peux te prêter le mien, si tu veux.

MME BONNIER *(riant aussi)* Arrête de me taquiner, ce n'est vraiment pas gentil ! De plus, c'est aussi manquer de respect pour ta vieille mère !

B. Écoutez et répétez

Écoutez le dialogue encore une fois et répétez chaque phrase après l'avoir entendue.

C. Substitutions

Changez les phrases suivantes en substituant les mots indiqués.

1. Où est mon écharpe? Je ne sais pas où je l'ai mise.
2. Mais écoute, Maman. Je peux te prêter une des miennes, si tu veux.
3. Regarde, Maman. J'en ai une qui ressemble à la tienne.
4. Mais dépêche-toi, Maman. Voilà une auto qui s'arrête devant la porte.
5. C'est sans doute Roger.

D. Transformation

Vous êtes d'accord avec l'opinion d'un ami sur les grandes villes, mais votre opinion est encore plus forte. Pour exprimez ça, changez ce qu'il dit en remplaçant ***beaucoup de*** *par* ***trop de****. Puis répétez la réponse correcte après l'avoir entendue.*

EXEMPLE Dans les grandes villes, il y a beaucoup de gens.
Vous dites: *C'est vrai! Dans les grandes villes, il y a trop de gens.*

E. Travail écrit

Révision des vêtements

D'abord, répétez chaque mot après l'avoir entendu.

une robe	un costume
un chemisier	un pantalon
un pull	un blue-jean
une jupe	une cravate
une chemise	un complet
une veste	une écharpe

Maintenant, répondez ***par écrit*** *aux questions que vous entendez. Donnez* ***trois*** *ou* ***quatre*** *vêtements par réponse.*

1. ____

____

2. ____

____

3. ____

____

4. ____

____

5. ____

____

F. Questions-réponses

Répondez aux questions avec les éléments donnés, puis répétez la réponse correcte après l'avoir entendue.

G. Dictée

Écoutez d'abord le paragraphe suivant, puis écrivez ce que vous entendez.

____

______________________ **Bedel.** ______________________

____

____

____

____

____

____

____

Maintenant écoutez le paragraphe à nouveau et vérifiez votre travail.

NOM ______________________ CLASSE ______________ DATE ______________

GRAMMAR UNIT 17

Possessive pronouns

LA POSSESSION

A. Substitutions

Changez les phrases suivantes en substituant les mots indiqués.

1. Ces gants sont-ils à vous? Oui, ils sont à moi.
2. (Ces gants) Est-ce que ce sont les vôtres? Oui, ce sont les miens.
3. (Une auto) Voilà la mienne.
4. (Un imperméable) Voilà le mien.
5. (Des photos) J'aime mieux les miennes que les vôtres.
6. Pierre? Oui, c'est un de mes amis.

B. Transformation

Vous êtes encore enfant et c'est le moment de partir pour l'école. Votre soeur vous dit ce qu'elle a fait pour être sûre d'être bien prête et comme vous aussi vous avez fait les mêmes choses, vous répétez ce qu'elle dit mais en employant ***le pronom possessif.*** *Puis répétez la réponse correcte après l'avoir entendue.*

EXEMPLE J'ai fait mes devoirs. Et toi?
Vous dites: *Moi aussi, j'ai fait les miens.*

C. Questions-réponses

Vous êtes toujours enfant et votre frère Pierre et vous avez perdu quelques affaires. Votre mère vous demande si vous les avez enfin trouvées. Répondez ***négativement*** *pour vous et* ***affirmativement*** *pour votre frère. Employez des* ***pronoms possessifs*** *dans vos réponses. Puis répétez la réponse correcte après l'avoir entendue.*

EXEMPLE As-tu trouvé tes gants?
Vous répondez: *Non, je n'ai pas trouvé les miens, mais Pierre a trouvé les siens.*

D. Un emploi des pronoms possessifs

Votre camarade de chambre s'habille pour sortir et il ou elle a besoin de certaines choses. Offrez de lui prêter les vôtres. Employez des ***pronoms possessifs*** *dans vos phrases. Puis répétez la réponse correcte après l'avoir entendue.*

EXEMPLE J'ai besoin d'une écharpe.
Vous lui proposez: *Je peux te prêter une des miennes, si tu veux.*

E. Travail écrit

Avec une camarade, vous comparez vos familles respectives. Elle vous décrit les membres de sa famille et vous parlez alors (par écrit) de la vôtre en employant le ***pronom possessif*** *qui convient.*

EXEMPLE Ma mère a 50 ans.
Vous lui dites: *La mienne a 53 ans.*

1. ______________________________
2. ______________________________
3. ______________________________
4. ______________________________
5. ______________________________
6. ______________________________

Maintenant vous décrivez vos affaires à une amie. Puis vous lui demandez de décrire les siennes. Écoutez ce que vous lui dites, puis posez-lui (par écrit) la question en employant le ***pronom possessif*** *qui convient.*

EXEMPLE Ma bicyclette est rouge. Vous écrivez: *Et la tienne?*

1. ______________
2. ______________
3. ______________
4. ______________
5. ______________

F. La comparaison

Vous pensez toujours que les affaires des autres sont meilleures que les vôtres! Dites ça à vos amis à propos des choses que vous entendez et en employant des ***pronoms possessifs.*** *Puis répétez la réponse correcte après l'avoir entendue.*

EXEMPLE une voiture
Vous dites: *La vôtre est meilleure que la mienne!*

G. Transformation

Révision de l'imparfait

Voilà ce que les membres de votre famille ont fait hier. Dites ce qu'ils faisaient quand Bernard est arrivé chez vous hier soir. Puis répétez la réponse correcte après l'avoir entendue.

EXEMPLE Hier, Maman a téléphoné à ma tante.
Vous dites: *Quand Bernard est arrivé chez nous, maman téléphonait à ma tante.*

H. Un poème

Lecture

Écoutez le poème Déjeuner du matin de Jacques Prévert.

Il a mis le café
Dans la tasse
Il a mis le lait
Dans la tasse de café
Il a mis le sucre
Dans le café au lait
Avec la petite cuillère
Il a tourné
Il a bu le café au lait
Et il a reposé la tasse
Sans me parler
Il a allumé
Une cigarette
Il a fait des ronds
Avec la fumée
Il a mis les cendres
Dans le cendrier
Sans me parler
Sans me regarder
Il s'est levé
Il a mis
Son chapeau sur sa tête
Il a mis
Son manteau de pluie
Parce qu'il pleuvait
Il a mis le sucre
Dans le café au lait
Avec la petite cuillère
Il a tourné
Il a bu le café au lait
Et il a reposé la tasse
Sans me parler
Il a allumé
Une cigarette
Il a fait des ronds
Avec la fumée
Il a mis les cendres
Dans le cendrier
Sans me parler
Sans me regarder
Il s'est levé
Il a mis
Son chapeau sur sa tête
Et il est parti
Sous la pluie
Sans une parole
Sans me regarder
Et moi j'ai pris
Ma tête dans ma main
Et j'ai pleuré

Répétition

Maintenant répétez chaque vers du poème après l'avoir entendu.

Vrai ou faux

Écoutez les phrases suivantes et déterminez si elles sont vraies ou fausses. Encerclez la réponse correcte. Si elles sont fausses, récrivez-les.

vrai **faux** 1. ______________________________

____

vrai **faux** 2. ______________________________

____

vrai **faux** 3. ______________________________

____

vrai **faux** 4. ______________________________

____

CONVERSATION 24

Retour de vacances

A. Dialogue

Écoutez le dialogue

JEAN Tiens, bonjour, Marie ! Tu es enfin de retour ! Je suis content de te revoir. Est-ce que tu as passé de bonnes vacances de Noël en Bretagne ?
MARIE Oui, excellentes, merci ; mais trop courtes, comme toutes les vacances.
JEAN Quand est-ce que tu es rentrée ?
MARIE Hier soir à onze heures.
JEAN Tu as fait bon voyage ?
MARIE Oh ! Ne m'en parle pas ! À Rennes, l'express de Paris était bondé. J'ai à peine pu trouver une place. En plus, les gens fumaient, et il faisait horriblement chaud dans le compartiment.
JEAN Ah bon ! Tu étais dans un wagon-fumeur... pas de chance !
MARIE Heureusement que j'ai dîné au wagon-restaurant !
JEAN Qu'est-que tu as fait le jour de Noël ?
MARIE Noël est toujours une grande affaire familiale chez nous. Tous mes frères et sœurs étaient là. Nous sommes allés à la messe de minuit, puis nous avons fait le réveillon✦ traditionnel. Ça m'a fait du bien de revoir ma famille.

B. Écoutez et répétez

Écoutez le dialogue encore une fois et répétez chaque phrase après l'avoir entendue.

C. Substitutions

Changez les phrases suivantes en substituant les mots indiqués.

1. Quand est-ce que tu es rentré?
2. Je suis rentré hier soir à onze heures.
3. Je suis de retour depuis hier soir à onze heures.
4. Quel voyage! Le train était vraiment bondé! J'ai à peine pu trouve une place.
5. Mais les vacances étaient excellentes! Je me suis bien amusé le jour de Noël.

D. Transformation

Le passé composé de *pouvoir* + l'infinitif

*Les personnes suivantes n'ont pas pu faire ce qu'elles devaient faire, mais elles ont des excuses. Changez les phrases que vous entendez en employant le verbe **pouvoir + l'infinitif**. Puis répétez la réponse correcte après l'avoir entendue.*

EXEMPLE Papa n'a pas fait les courses.
Vous dites: *C'est vrai, mais il n'a pas pu faire les courses.*

E. Questions-réponses

Révision des pronoms compléments *le, la, les; lui, leur; y, en.*

*Répondez **affirmativement** ou **négativement** (comme indiqué) aux questions que vous entendez. Employez des **pronoms compléments** dans vos réponses, puis répétez la réponse correcte après l'avoir entendue.*

EXEMPLE Est-ce que tu es allé au cinéma avec Pierre ce week-end? (Oui)
Vous répondez: *Oui, j'y suis allé(e) avec lui.*

NOM ______________________ CLASSE ____________ DATE ____________

F. Travail écrit

Vous voulez savoir comment les vacances de Noël d'un ami se sont passées. Écrivez les questions qu'on vous demande de lui poser.

EXEMPLE Demandez-lui si elle a passé de bonne vacances de Noël.
Vous écrivez: *Est-ce que tu as passé de bonnes vacances de Noël?*

1. ______________________
2. ______________________
3. ______________________
4. ______________________
5. ______________________

Maintenant parlez de vos vacances de Noël. Répondez par écrit aux questions que vous entendez. Employez des ***pronoms*** *dans vos réponses si possible.*

1. ______________________
2. ______________________
3. ______________________
4. ______________________
5. ______________________

G. Dictée

Écoutez d'abord le paragraphe suivant, puis écrivez ce que vous entendez.

Maintenant écoutez le paragraphe à nouveau et vérifiez votre travail.

CONVERSATION 25

Rêves

A. Dialogue

Écoutez le dialogue

MARIE Jean, qu'est-ce que tu ferais si tu étais riche ?

JEAN Je crois que je m'achèterais un bâteau et que je ferais le tour du monde.

MARIE *(le taquinant)* Ah bon ! avec qui ?

JEAN *(faisant semblant de ne pas l'entendre)* Je voyagerais en Italie. J'ai toujours rêvé de voir Florence et Rome. J'irais aussi en Égypte voir le Nil et les Pyramides, et j'irais sûrement en Chine et au Japon voir ce qui se passe là-bas.

MARIE Alors, tu voyagerais et c'est tout ?

JEAN Non, je crois que je m'achèterais aussi une petite maison au bord de la mer et que je passerais mes journées à la plage.

MARIE Tu ne crois pas que tu serais vite fatigué de tout ça ?

JEAN Tu as sans doute raison. Si j'étais riche, je viendrais d'abord à l'aide des pauvres et des malheureux.

MARIE *(le taquinant à nouveau)* Tiens ! Jean l'Aventurier a aussi un petit côté philanthrope, hein ?

JEAN Ne te moque pas de moi ! Les problèmes comme la surpopulation ou la pollution m'inquiètent, pas toi ?

MARIE Oui, moi aussi. Mais a-t-on besoin d'être riche pour s'engager ?

B. Écoutez et répétez

Écoutez le dialogue encore une fois et répétez chaque phrase après l'avoir entendue.

C. Substitutions

Changez les phrases suivantes en substituant les mots indiqués.

1. Qu'est-ce que tu ferais si tu étais riche?
2. Si j'étais riche, je m'achèterais une petite maison.
3. Je voudrais aller en Europe.
4. Tu serais vite fatigué de tout cela.
5. Tu as raison. Je m'occuperais des problèmes actuels.

D. Questions-réponses

Les pronoms possessifs

Votre mère range la maison. Quand elle vous demande si les choses suivantes sont les vôtres, vous répondez que ce ne sont pas vos affaires, mais les affaires de votre sœur. Employez des ***pronoms possessifs*** *dans vos réponses. Puis, répétez la réponse correcte après l'avoir entendue.*

EXEMPLE C'est ton pullover ici par terre?
Vous répondez: *Mais non, maman. Ce n'est pas le mien, c'est le sien.*

E. Transformation

Appartenir à* et *être à

Votre soeur à des problèmes à différencier entre ses affaires et les vôtres. Quand elle vous dit que certaines choses lui appartiennent, vous protestez. Pour cela, répétez les phrases que vous entendez en changeant le verbe ***appartenir à*** *par le verbe* ***être à*** *et en commençant votre réponse avec* ***"Mais non, voyons!..."*** *Puis répétez la réponse correcte après l'avoir entendue.*

EXEMPLE Ce livre m'appartient.
Vous dites: *Mais non, voyons! Ce livre est à moi!*

F. Suivre des ordres

Votre soeur vous taquine un peu trop. Vous en avez assez et vous voulez qu'elle arrête Dites ce qu'on vous dit de lui dire, puis répétez la réponse correcte après l'avoir entendue.

EXEMPLE Dites-lui de ne pas vous taquiner.
Vous dites: *Écoute! Ne me taquine pas!*

G. Travail écrit

Le conditionnel et si + l'imparfait:

Écrivez les questions qu'on vous demande de poser à un ami à vous. Employez la forme ***tu*** *et* ***est-ce que.***

1. ____
2. ____
3. ____
4. ____
5. ____
6. ____

H. Dictée

Écoutez d'abord le paragraphe suivant, puis écrivez ce que vous entendez.

____

______________________ **Bretagne.** ______________________

____

____

____

____

____

____

____

Maintenant écoutez le paragraphe à nouveau et vérifiez votre travail.

NOM ______________________ CLASSE ____________ DATE ____________

GRAMMAR UNIT 18

The conditional and pluperfect tenses

A. Substitutions

Changez les phrases suivantes en substituant les mots indiqués.

Le conditionnel

1. Si j'étais en vacances, je me coucherais très tard le soir
2. Si mes copains et moi, nous faisions un voyage, nous irions en Floride.
3. Mon ami Marc m'a dit qu'il voudrait visiter la Floride aussi.

Le plus-que-parfait

1. Jean était de bonne humeur hier soir parce qu'il avait reçu un chèque de son père.
2. Il n'est pas allé au cinéma hier soir? Non, il était allé au cinéma avant hier.

B. Transformation

Mettez les phrases que vous entendez au **conditionnel.** *Puis répétez la réponse correcte après l'avoir entendue.*

Une journée idéale

EXEMPLE Je vais à Chicago.
Vous dites: *J'irais à Chicago.*

Un samedi idéal

C. Phrases avec *si*

Le futur

Changez les phrases que vous entendez de la forme **je** à la forme **nous**. Puis répétez la réponse correcte après l'avoir entendue.

EXEMPLE S'il fait beau, j'irai en ville.
Vous dites: *S'il fait beau, nous irons en ville.*

Le conditionnel

Dites que, vous aussi, vous feriez les choses suivantes si vous aviez du temps libre. Employez la forme **nous**. *Puis répétez la réponse correcte après l'avoir entendue.*

EXEMPLE Si j'avais du temps libre, je jouerais aux cartes avec mes copains.
Vous dites: *Nous aussi, si nous avions du temps libre, nous jouerions aux cartes avec nos copains.*

D. Phrases avec *quand* et phrases avec *si*

Écoutez ce que Jean fera quand il sera riche et indiquez que vous feriez les mêmes choses si vous étiez riche. Puis répétez la réponse correcte après l'avoir entendue.

EXEMPLE Quand Jean sera riche, il fera le tour du monde.
Vous dites: *Moi, aussi, si j'étais riche, je ferais le tour du monde!*

E. Poser des questions

Vous parlez à deux copains de leurs projets et de leur rêves. Poser-leur les questions qu'on vous demande de leur poser. Puis répétez la réponse correcte après l'avoir entendue. Attention au temps de vos questions.

EXEMPLES Demandez à vos copains ce qu'ils feraient s'ils avaient une soirée sans devoir.
Vous dites: *Si vous aviez une soirée sans devoir, qu'est-ce que vous feriez?*
Demandez à vos copains ce qu'ils feront s'il fait beau ce week-end.
Vous dites: *S'il fait beau ce week-end, qu'est-ce que vous ferez?*

F. Travail écrit

Parlons de vos rêves si vous étiez riche. Répondez par écrit et avec des phrases complètes aux questions que vous entendez.

1. ______________________________
2. ______________________________
3. ______________________________
4. ______________________________
5. ______________________________

G. Le conditionnel avec des citations indirectes

Comme vous n'avez pas pu aller à une boum chez des amis hier soir, votre meilleur ami vous cite ce que certaines personnes ont dit. Étonné(e), vous demandez s'ils ont vraiment dit ces choses en répétant ce que vous venez d'entendre, mais en employant des ***citations indirectes.*** *Puis répétez la réponse correcte après l'avoir entendue.*

EXEMPLE Tu sais, hier soir, Suzanne a dit: "J'achèterai une Mercédès dans un mois."
Vous dites: *Ah, bon? Elle a dit qu'elle achèterait une Mercédès?*

NOM ______________________ CLASSE ______________ DATE ______________

CONVERSATION 26

Le Mariage d'une cousine

A. Dialogue

Écoutez le dialogue

ROGER Qu'est-ce que tu as, Marie ?

MARIE Je n'ai rien du tout, je t'assure.
ROGER Mais si, tu as quelque chose. Tu as l'air déprimé. À quoi penses-tu ?

MARIE Je pense à Jeanne.
ROGER Qui est-ce ?
MARIE C'est une de mes cousines.
ROGER Mais laquelle ? Tu en as tellement !
MARIE C'est celle qui habite à Reims.

ROGER Oh oui ! Tu m'as déjà parlé d'elle, non ?

MARIE Oui. J'ai reçu hier une lettre de ma tante Ernestine. Elle m'écrit que Jeanne va se marier le mois prochain.

ROGER Et c'est ça qui te déprime ? Tu es jalouse ?
MARIE Bien sûr que non, voyons ! C'est simplement que je ne pourrai pas aller au mariage.
ROGER C'est dommage, en effet. Avec qui se marie ta cousine ?
MARIE Avec un architecte que je connaissais quand il avait dix ans. *(Elle soupire.)* Comme le temps passe !

B. Écoutez et répétez

Écoutez le dialogue encore une fois et répétez chaque phrase après l'avoir entendue.

C. Substitutions

Changez les phrases suivantes en substituant les mots indiqués.

1. Qu'est-ce que tu as?
2. Tu as l'air triste.

3. Non? Qu'est-ce qui te déprime alors?
4. Je n'ai rien du tout, je t'assure.

D. Questions-réponses

L'expression négative *ne... rien*

Jamais rien n'arrive dans votre vie. Pour exprimer cette idée, répondez négativement aux questions que vous entendez et employez l'expression négative ***ne... rien*** *dans vos réponses. Puis répétez la réponse correcte après l'avoir entendue.*

EXEMPLE Avez-vous acheté quelque chose hier?
Vous répondez: *Non, je n'ai rien acheté.*

Penser à

Cette fois-ci, répondez ***affirmativement*** *aux questions que vous entendez en employant le pronom* ***y*** *pour les choses ou un* ***pronom disjonctif*** *pour les personnes (par exemple,* ***lui*** *ou* ***eux****). Puis répétez la réponse correcte après l'avoir entendue.*

EXEMPLE Pensez-vous à votre frère?
Vous répondez: *Tiens! Justement. Je pense à lui.*
Pensez-vous à votre futur?
Vous répondez: *Tiens! Justement. J'y pense.*

E. Travail écrit

Penser à

Par écrit, dites que Jean-Michel pense aux choses ou aux personnes suivantes. Employez dans vos réponses le pronom ***y*** *pour les choses ou un* ***pronom disjonctif*** *pour les personnes (par exemple,* ***lui*** *ou* ***eux****).*

EXEMPLE à Marie
Vous écrivez: *Jean-Michel pense à elle.*

1. ______________________________
2. ______________________________
3. ______________________________
4. ______________________________
5. ______________________________
6. ______________________________

F. Poser des questions

Penser de

Vous demandez à une amie son opinion sur les personnes et choses suivantes. Pour cela, posez-lui les questions qu'on vous demande de lui poser en employant l'expression ***penser de*** *et le* ***pronom*** *qui convient aux mots que vous entendez. Employez* ***en*** *pour les choses et un* ***pronom disjonctif*** *pour les personnes. Puis répétez la réponse correcte après l'avoir entendue.*

EXEMPLE Demandez à votre ami ce qu'elle pense de cette auto.
Vous dites: *Qu'est-ce que tu en penses?*
Demandez-lui ce qu'elle pense de Marie.
Vous dites: *Qu'est-ce que tu penses d'elle?*

G. Transformation

Avoir l'air + ***un adjectif***

Une amie observe l'humeur de certaines personnes dans la classe et comme vous êtes d'accord avec elle, vous répétez ce qu'elle dit en remplaçant le verbe ***être*** *par l'expression* ***avoir l'air****. Commencez vos phrases avec* ***C'est vrai que...*** *Puis répétez la réponse correcte après l'avoir entendue.*

EXEMPLE Je pense que Jean est triste aujourd'hui.
Vous dites: *C'est vrai qu'il a l'air triste aujourd'hui!*

H. Travail écrit

Répondez par écrit et par des phrases complètes aux questions que vous entendez.

1. ______________________________
2. ______________________________
3. ______________________________
4. ______________________________
5. ______________________________

I. Dictée

Écoutez d'abord le paragraphe suivant, puis écrivez ce que vous entendez.

____

____

____

____

______________________ **politiquement?** __________

____

____

____

Maintenant écoutez le paragraphe à nouveau et vérifiez votre travail.

NOM ______________________ CLASSE ____________ DATE ____________

GRAMMAR UNIT 19

Interrogative pronouns

A. Substitutions

Mais, qui est cette personne?

Changez les phrases suivantes en substituant les mots indiqués.

1. Qui est ce monsieur?
2. Et qu'est-ce qu'il fait?
3. Mais qu'est-ce qui arrive?
4. Mais de qui parlez-vous?

B. Poser des questions avec *Qui* ou *Qui est-ce qui*

Vous ne faites pas très attention à ce que votre mère vous dit. Alors vous lui demandez de préciser qui a fait les actions dont elle parle. D'abord, posez-lui ces questions en employant le **pronom interrogatif sujet qui**. *Puis répétez la réponse correcte après l'avoir entendue.*

EXEMPLE Michel a acheté une douzaine de croissants?
Vous dites: *Qui a acheté une douzaine de croissants?*

Maintenant continuez à lui poser les mêmes sortes de questions mais employez le **pronom interrogatif sujet qui est-ce qui**. *Puis répétez la réponse correcte après l'avoir entendue.*

EXEMPLE Micheline a acheté un vélo.
Vous dites: *Qui est-ce qui a acheté un vélo?*

C. Poser des questions avec *qui est-ce que*

Une amie vous dit ce que des copains à vous ont fait samedi soir. Comme elle est un peu vague, vous lui demandez de préciser avec qui ces copains ont fait ce qu'ils ont fait. Pour cela, employez le **pronom interrogatif objet qu'est-ce que** *et les élements donnés pour former vos questions. Puis répétez la réponse correcte après l'avoir entendue.*

EXEMPLE Martin est allé au cinéma samedi soir. (avec Jeanne)
Vous dites: *Ah, bon! Avec qui est-ce qu'il est allé au cinéma?*

D. Poser des questions avec *à qui*

Votre grand-mère vous aide à ranger la maison. Vous lui dites à qui sont les choses suivantes. Malheureusement, votre grand-mère est dure d'oreille et elle vous demande de répéter à qui sont les choses. Jouez le rôle de votre grand-mère. Puis répétez la réponse correcte après l'avoir entendue.

EXEMPLE Ce livre est à Charles.
Vous dites: *Hein? Quoi? À qui est ce livre?*

E. Poser des questions avec *qu'est-ce qui*

Vous parlez avec une nouvelle amie pour la première fois. Comme vous essayez de mieux la connaître, vous lui posez des questions sur ses sentiments. Utilisez le **pronom interrogatif *sujet* qu'est-ce qui** *et les élements donnés pour former vos questions. Puis répétez la réponse correcte après l'avoir entendue.*

EXEMPLE rendre triste
Vous dites: *Qu'est-ce qui te rend triste?*

F. Poser des questions avec *qu'est-ce que*

Vous parlez à un copain de son week-end. Posez-lui les questions qu'on vous demande de lui poser en employant la forme **tu**. *Puis répétez la réponse correcte après l'avoir entendue.*

EXEMPLE Demandez-lui ce qu'il a mangé dimanche soir.
Vous dites: *Qu'est-ce que tu as mangé dimanche soir?*

G. Poser des questions avec *quoi*

Vous cherchez à savoir ce qui se passe avec votre camarade de chambre qui semble très préoccupé(e). Les phrases que vous allez entendre sont vos observations sur lui ou elle. Finissez ces phrases par la question qui convient. Puis répétez la réponse correcte après l'avoir entendue.

EXEMPLE Je vois que tu penses à quelque chose....
Vous ajoutez: *À quoi est-ce que tu penses?*

H. Poser des questions avec *lequel*

Vous voulez mieux connaître certains ou certaines camarades de classe. Avec le pronom interrogatif **lequel** *(sous ses différentes formes) et les éléments donnés, posez des questions sur eux à un ami. Puis répétez la réponse correcte après l'avoir entendue.*

EXEMPLE la plus intelligente (Suzanne ou Caroline)
Vous demandez: *Laquelle est la plus intelligente, Suzanne ou Caroline?*

I. Travail écrit

Lequel

Écrivez les questions que vous poseriez à une copine pour lui demander son opinion des garçons et des filles d'un groupe que, vous deux, vous connaissez et avec qui vous sortez. Employez un ***pronom interrogatif*** *dans vos questions.*

EXEMPLE le garçon le plus intéressant
Vous écrivez: Lequel est-ce que tu trouves le plus intéressant?

1. ______________________________
2. ______________________________
3. ______________________________
4. ______________________________
5. ______________________________
6. ______________________________

Récapitulation des *pronoms interrogatifs*

Vous vous intéressez beaucoup à un nouvel ami. Écrivez en employant la forme ***tu,*** *les questions qu'on vous demande de lui poser.*

1. ______________________________
2. ______________________________
3. ______________________________
4. ______________________________
5. ______________________________
6. ______________________________
7. ______________________________
8. ______________________________

CONVERSATION 27

Au commissariat de police

A. Dialogue

Écoutez le dialogue

LE COMMISSAIRE DE POLICE Vous êtes bien M. Jean Hughes, ingénieur-chimiste, demeurant huit, rue du Docteur-Roux ?

JEAN Oui, monsieur le commissaire.

LE COMMISSAIRE DE POLICE Hier après-midi, vous avez été témoin de l'accident au cours duquel le docteur Lambert a été blessé, n'est-ce pas ?

JEAN Oui, monsieur le commissaire.

LE COMMISSAIRE DE POLICE Où étiez-vous au moment de l'accident ?

JEAN J'étais devant l'Institut Pasteur.✦

LE COMMISSAIRE DE POLICE Comment l'accident a-t-il eu lieu ?

JEAN La chaussée était très glissante, car il avait plu. Le docteur Lambert, dont l'auto allait très vite, n'a pas pu s'arrêter à temps.

LE COMMISSAIRE DE POLICE À quelle vitesse le camion allait-il quand l'accident a eu lieu ?

JEAN À environ trente kilomètres à l'heure.

LE COMMISSAIRE DE POLICE Je vous remercie, monsieur. Ce que vous venez de dire est d'accord avec les renseignements que nous avons déjà. Au revoir, monsieur, et merci encore une fois.

JEAN Au revoir, monsieur le commissaire.

B. Écoutez et répétez

Écoutez le dialogue encore une fois et répétez chaque phrase après l'avoir entendue.

C. Substitutions

Un accident

Changez les phrases suivantes en substituant les mots indiqués.

1. Où étiez-vous au moment où l'accident a eu lieu?
2. ...l'accident au cours duquel le docteur Lambert a été blessé?
3. J'étais alors devant l'Institut Pasteur.
4. Le docteur Lambert, dont l'auto allait très vite, n'a pas pu s'arrêter à temps.
5. Et c'est comme ça que l'accident a eu lieu.

Les verbes à sens idiomatique: *avoir quelque chose, se passer, arriver à* et *ennuyer*

Changez les phrases suivantes en substituant les mots indiqués.

1. Qu'est-ce que tu avais hier?
2. Mais dis-moi: qu'est-ce qui t'est arrivé hier?
3. Je t'assure, rien ne s'est passé hier.
4. Et qu'est-ce qui t'ennuie aujourd'hui? Mais rien!

D. Transformation

Le passé immédiat: *venir de* + l'infinitif

*Dites à votre ami que vous venez de faire les choses qu'il va faire. Pour ça répétez ce qu'il dit en changeant le temps du verbe du futur proche (**aller + l'infinitif**) au passé immédiat (**venir de + l'infinitif**). Puis répétez la réponse correcte après l'avoir entendue.*

EXEMPLE Je vais déjeuner. Et toi?
Vous dites: *Moi, je viens de déjeuner.*

E. Travail écrit

Écrivez une réponse ***affirmative*** *aux questions que vous entendez. Dites dans vos réponses que tout le monde* ***vient de*** *faire ce qu'ils devaient faire.*

EXEMPLE Est-ce que Lionel est parti à la gare?
Vous écrivez: *Oui, il vient de partir à la gare.*

1. ______________________________
2. ______________________________
3. ______________________________
4. ______________________________
5. ______________________________

F. Poser des questions

Vous parlez d'accidents avec un ami. En employant la forme ***vous****, posez-lui les questions qu'on vous demande de lui poser. Puis répétez la réponse correcte après l'avoir entendue.*

G. Dictée

Écoutez d'abord le paragraphe suivant, puis écrivez ce que vous entendez.

____

____

____

Reims, ______________________________

______________________________ **d'autant**

plus *(even more)* ______________________________

____

Maintenant écoutez le paragraphe à nouveau et vérifiez votre travail.

NOM ____________________ CLASSE ____________ DATE ____________

CONVERSATION 28

Chez l'horloger✦

A. Dialogue

Écoutez le dialogue

L'HORLOGER Vous désirez, mademoiselle ?
MARIE Je voudrais faire réparer cette montre. Je l'ai laissée tomber hier, et elle ne marche plus.
L'HORLOGER *(examinant la montre)* Où l'avez-vous achetée ?
MARIE C'est un cadeau de ma mère. Elle l'a achetée aux États-Unis.
L'HORLOGER Je m'en doutais. C'est la première fois que je vois une montre de cette marque.
MARIE Pourrez-vous la réparer ?
L'HORLOGER Mais oui. Il s'agit d'une réparation simple. Mais je serai obligé de faire venir un ressort.
MARIE Pouvez-vous me dire quand ma montre sera prête ?
L'HORLOGER Voyons... Je vais commander aujourd'hui le ressort dont j'ai besoin. Je le recevrai sans doute vers le milieu de la semaine prochaine.
MARIE Je voudrais bien avoir ma montre le plus tôt possible.
L'HORLOGER Revenez mardi en huit.

MARIE Bon, d'accord. Merci, monsieur, et au revoir.

B. Écoutez et répétez

Écoutez le dialogue encore une fois et répétez chaque phrase après l'avoir entendue.

C. Substitutions

Changez les phrases suivantes en substituant les mots indiqués.

1. Vous désirez, mademoiselle? Je voudrais faire réparer cette montre.

De quoi s'agit-il?

2. Il s'agit d'une réparation simple.
3. Il s'agit de réparer cette montre.
4. Revenez mardi en huit.

D. Poser des questions

***Faire* + l'infinitif**

Vous parlez à un copain. En employant la forme ***tu****, posez-lui les questions qu'on vous demande de lui poser. Puis répétez la réponse correcte après l'avoir entendue.*

E. Travail écrit

Répondez par écrit et par une phrase complète aux questions que vous entendez. Employez les éléments donnés dans vos réponses.

1. Oui, ______________________________
2. Oui, ______________________________
3. (Timex) ______________________________
4. Oui, ______________________________
5. (faire réparer) ______________________________

____

F. Dictée

Écoutez d'abord le paragraphe suivant, puis écrivez ce que vous entendez.

____

______________ **l'Institut Pasteur.** ______________

____

____

____

____

Maintenant écoutez le paragraphe à nouveau et vérifiez votre travail.

NOM ______________________ CLASSE ____________ DATE ____________

GRAMMAR UNIT 20

Relative pronouns

A. Substitutions

Changez les phrases suivantes en substituant les mots indiqués.

1. Voilà un taxi qui arrive.
2. C'est un jeune homme que je connais très bien.
3. Voici mon cousin dont je vous ai parlé.
4. Dites-moi ce qui vous ennuie.
5. Je ne sais pas ce que Jean fait.

B. Transformations

Voilà... qui

Vous êtes devant la fac et vous remarquez à haute voix ce qui se passe autour de vous. Changez la phrase que vous entendez comme dans l'exemple. Puis répétez la réponse correcte après l'avoir entendue.

Exemple Un autobus arrive.
Vous dites: *Tiens! Voilà un autobus qui arrive.*

Voici... que

Voilà ce que vous avez fait pendant la journée. Montrez ces choses à vos camarades de chambre. Puis répétez la réponse correcte après l'avoir entendue.

EXEMPLE Vous avez acheté des croissants.
Vous dites: *Voilà les croissants que j'ai achetés.*

C. Le pronom relatif *dont*

pour exprimer le besoin

Votre sœur est sur le point de partir pour l'école, et comme elle a besoin de certaines de ses affaires, vous lui en montrez quelques-unes et vous lui demandez si c'est ce dont elle a besoin. Puis répétez la réponse correcte après l'avoir entendue.

EXEMPLE Vous lui montrez des gants.
Vous dites: *Est-ce que ce sont les gants dont tu as besoin?*

pour dire ce dont on parle

Vous êtes en France et une amie française vous demande si le professeur de français vous a parlé de certaines choses à voir. Répondez ***affirmativement****. Puis répétez la réponse correcte après l'avoir entendue.*

EXEMPLE Ton prof t'a parlé de ce musée?
Vous répondez: *Oui, c'est le musée dont il nous a parlé.*

pour dire ce dont il s'agit

Il y a une dispute à la maison entre vous et votre frère. Votre mère vous demande si les choses suivantes sont la cause de la dispute et vous lui répondez que oui. Puis répétez la réponse correcte après l'avoir entendue.

EXEMPLE C'est à cause d'une bicyclette?
Vous répondez: *Oui, et voilà la bicyclette dont il s'agit.*

D. Questions-réponses

Comme dernièrement vous avez fait beaucoup de choses avec de nouveaux copains, votre meilleure amie vous pose des questions à leur sujet. Répondez ***affirmativement*** *à ses questions en employant le* ***pronom relatif*** *qui convient.*

EXEMPLE Tu es allé(e) à la plage avec ce garçon?
Vous répondez: *Oui, c'est le garçon avec qui je suis allé(e) à la plage.*

Votre amie Martine n'a pas l'air très en forme aujourd'hui. Une autre amie vous demande ce qui ne va pas et vous répondez que ***vous n'en savez rien****. Puis répétez la réponse correcte après l'avoir entendue.*

EXEMPLE Qu'est-ce qui se passe?
Vous répondez: *Mais je ne sais pas ce qui se passe!*

NOM ______________________________ CLASSE ______________ DATE ________________

E. Travail écrit

Un dîner mal organisé

Vous organisez un dîner avec des amis, et votre camarade de chambre vous demande ce que chacun va apporter. Répondez par écrit que vous n'en savez rien.

EXEMPLE Dis! Qu'est-ce que Pauline va acheter à boire?
Vous écrivez: *Je ne sais pas ce qu'elle va acheter à boire!*

1. ______________________________
2. ______________________________
3. ______________________________
4. ______________________________
5. ______________________________

Un témoin dans la lune

Vous avez été témoin d'un accident et la police vous interroge. Mais comme vous ne faisiez pas attention au moment où l'accident a eu lieu, vous répondez (par écrit) à toutes les questions que ***vous n'en savez rien****.*

EXEMPLE À quelle vitesse allait le camion?
Vous écrivez: *Je ne sais pas à quelle vitesse il allait.*

1. ______________________________
2. ______________________________
3. ______________________________
4. ______________________________
5. ______________________________

NOM ______________________ CLASSE ____________ DATE ____________

GRAMMAR UNIT 21

Demonstrative pronouns

A. Substitutions

Changez les phrases suivantes en substituant les mots indiqués.

1. Voilà de belles écharpes. Celle-ci est en solde.
2. Quelle écharpe est-ce que tu préfères? Je préfère celle-là.
3. Ces gants sont en solde aussi.
4. Tu veux faire les courses avec moi? Ça m'est égal.

B. Suivre des ordres

Vous êtes dans un magasin où beaucoup de choses vous plaisent beaucoup. Demandez à la vendeuse de vous montrer ces choses en employant le pronom démonstratif ***celui, celle, ceux*** *ou* ***celles*** *qui convient. Puis répétez la réponse correcte après l'avoir entendue.*

EXEMPLE Demandez à la vendeuse de vous montrer une écharpe.
Vous dites: *Montrez-moi celle-là, s'il vous plaît.*

C. Questions-réponses

Des achats internationaux

Vous avez été en Europe pendant les vancances et à votre retour vous montrez à vos amis ce que vous avez ramené. Comme ils vous demandent où exactement vous avez acheté tout ça, vous leur répondez en employant des ***pronoms démonstratifs*** *et les éléments donnés. Puis répétez la réponse correcte après l'avoir entendue.*

EXEMPLE Où est-ce que tu as acheté tes robes? (à Paris - à Nice)
Vous dites: *J'ai acheté celle-ci à Paris et celle-là à Nice.*

1. (à Paris - à Toulouse)
2. (en France - en Angleterre)

3. (au Prisunic - au Printemps)
4. (en Suisse - en Belgique)
5. (à Marseille - à Toulon)
6. (en Italie - en Allemagne)

Une grand-mère serviable *(helpful)*

Votre grand-mère vous aide à mettre de l'ordre chez vous. Quand elle vous demande à qui sont les affaires suivantes et si ce sont bien les vôtres, répondez-lui que non, que ce sont celles de votre frère. Puis répétez la réponse correcte après l'avoir entendue.

EXEMPLE À qui est ce pull-over? C'est le tien?
Vous dites: *Non, c'est celui de mon frère.*

D. Travail écrit

Mettre un peu d'ordre

Un ami vous aide à ranger votre maison. Quand il vous demande si les choses suivantes sont à certains membres de votre famille, répondez affirmativement et par écrit. Employez un ***pronom démonstratif*** *dans vos réponses.*

EXEMPLE C'est le pull-over de ton frère?
Vous dites: *Oui, c'est celui de mon frère.*

1. ______________________________
2. ______________________________
3. ______________________________
4. ______________________________
5. ______________________________
6. ______________________________

L'art et vous

Vous parlez avec un ami de différentes formes d'art. Votre ami vous pose des questions pour chercher à connaître vos goûts. Répondez-lui par écrit et en employant des ***pronoms démonstratifs*** *dans vos réponses.*

EXEMPLE Tu préfères les tableaux de Renoir ou les tableaux de Monet?
Vous écrivez: *Je préfère ceux de Renoir.*

1. ____
2. ____
3. ____
4. ____
5. ____
6. ____

NOM ______________________________ CLASSE ______________ DATE ________________

CONVERSATION 29

Excursion à la campagne

A. Dialogue

Écoutez le dialogue

ROGER Il y a presque deux heures que nous avons quitté Melun.
JEAN Je commence à avoir mal aux jambes. Je n'ai plus l'habitude de faire du vélo.
ROGER J'ai l'impression que nous avons pris la mauvaise route.
JEAN Moi aussi, j'en ai bien peur.
ROGER Voilà un homme qui travaille dans son champ. Il pourra nous donner des renseignements.
ROGER *(à l'homme)* Est-ce que nous sommes loin de Fontainebleau ?
LE CULTIVATEUR Mais oui, mon pauvre monsieur. Je suis désolé de vous apprendre que vous vous êtes trompé de route.
ROGER Comment y va-t-on, alors ?
LE CULTIVATEUR Vous voyez ce village, là-bas ? C'est Barbizon.✦ Allez-y. À la sortie du village, prenez le premier chemin à gauche. *(De la main gauche, il indique la direction.)* Il vous mènera à Fontainebleau.
ROGER À quelle distance est-ce d'ici ?
LE CULTIVATEUR C'est à sept ou huit kilomètres.
ROGER Zut alors ! Par cette chaleur, ce n'est pas drôle !
LE CULTIVATEUR Si vous avez chaud et si vous avez soif, vous pourrez vous arrêter à Barbizon. C'est ma femme qui tient le petit café juste en face de l'église.

B. Écoutez et répétez

Écoutez le dialogue encore une fois et répétez chaque phrase après l'avoir entendue.

C. Substitutions

On est perdu!

Changez les phrases suivantes en substituant les mots indiqués.

1. Il y a presque deux heures que nous avons quitté Melun.
2. Voilà presque deux heures que nous avons quitté Melun.
3. J'ai l'impression que nous avons pris la mauvaise route.
4. Tu sais, je n'ai plus l'habitude de faire du vélo.
5. Je commence à avoir mal aux jambes.

D. Questions-réponses

Répondez par une phrase complète aux questions que vous entendez. Employez les éléments donnés dans vos réponses, puis répétez la réponse correcte après l'avoir entendue.

Il y a combien de temps que...?

1. (12 ans)
2. (quelques mois)
3. (2 trimestres)
4. (3 mois)

Depuis quand...?

1. (juillet 1975)
2. (septembre)
3. (deux ou trois ans)
4. (janvier)

E. Poser des questions

Quitter un endroit = partir d'un endroit

Vous êtes le patron (the boss) *d'une petite entreprise et vous parlez avec un employé qui est souvent en retard et qui a l'air malade. Posez-lui les questions qu'on vous demande de lui poser en employant la forme* **vous***, puis répétez la réponse correcte après l'avoir entendue.*

NOM ______________________ CLASSE ____________ DATE ______________

F. Travail écrit

Faire du vélo

Répondez par écrit et par une phrase complète aux questions que vous entendez.

1. ____
2. ____
3. ____
4. ____
5. ____
6. ____

G. Dictée

Écoutez d'abord le paragraphe suivant, puis écrivez ce que vous entendez.

____

____

____

____

____

____

____

____ **rassure**

(reassures) ____

____

Maintenant écoutez le paragraphe à nouveau et vérifiez votre travail.

NOM ______________________________ CLASSE ____________ DATE ______________

GRAMMAR UNIT 22

Irregular verbs in -er and -ir

A. Substitutions

Les verbes *aller* et *envoyer*

Changez les phrases suivantes en substituant les mots indiqués.

1. Je m'en vais maintenant, Sylvie.
2. Je vais chercher le journal.
3. Mais non! J'enverrai Richard chercher le journal.

B. Poser des questions

Vous parlez à un ami de sa famille. Posez-lui les questions qu'on vous demande de lui poser. Puis répétez la réponse correcte après l'avoir entendue.

EXEMPLE Demandez à votre ami quand il va rendre visite à ses parents.
Vous dites: *Quand est-ce que tu vas rendre visite à tes parents?*

C. Travail écrit

Partir - s'en aller

Écrivez les phrases que vous entendez en remplaçant le verbe ***partir*** *par le verbe* ***s'en aller****.*

EXEMPLE Nous partons tout de suite.
Vous écrivez: *Nous nous en allons tout de suite.*

1. ____
2. ____

3. ______________________________

4. ______________________________

5. ______________________________

6. ______________________________

D. Substitutions

Les verbes en *-ir*

Changez les phrases suivantes en substituant les mots indiqués.

1. Ma mère tient ce petit restaurant-là.
2. Elle sert de très bons repas.
3. Elle ouvre le restaurant à midi.
4. Elle sort du restaurant assez tard, après minuit.
5. Mes amis viennent souvent à ce restaurant.
6. Nous nous sentons bien dans ce restaurant.

E. Transformation

*Votre mère tient un petit restaurant et elle a une routine journalière (*a daily routine*): ce qu'elle fait aujourd'hui, elle l'a fait hier. Pour exprimer cette idée, mettez les phrases suivantes au* ***passé composé****. Puis répétez la réponse correcte après l'avoir entendue.*

EXEMPLE Maman sort de la maison à 9h.
Vous dites: *Et hier aussi, elle est sortie de la maison à 9h.*

F. Questions-réponses

Venir de **au présent**

Votre grande sœur, qui habite avec vous, aime vous rappeler ce que vous devez faire. Répondez à ses questions en lui disant que vous venez justement de faire ce qu'elle demande. Employant le ***passé proche*** *(****venir de + l'infinitif****) dans vos réponses. Puis répétez la réponse correcte après l'avoir entendue.*

EXEMPLE Est-ce que tu as envoyé une lettre aux parents ce matin?
Vous dites: *Mais oui! Je viens justement d'envoyer une lettre aux parents.*

G. Transformation

Mettez les phrases que vous entendez au ***futur****. Puis répétez la réponse correcte après l'avoir entendue.*

H. Travail écrit

Récapitulation des verbes irréguliers en -*er* et en -*ir*

Répondez par écrit et par des phrases complètes aux questions suivantes. Attention au temps!

1. ______________________________
2. ______________________________
3. ______________________________
4. ______________________________
5. ______________________________
6. ______________________________

CONVERSATION 30

À la ferme

A. Dialogue

Écoutez le dialogue

ROGER Bonjour, ma cousine. Mon ami Jean et moi, nous avons décidé de profiter du beau temps pour venir te voir.
MME DESCHAMPS Tiens ! Quelle bonne surprise ! J'espère bien que vous allez rester quelques jours avec nous.
ROGER Nous ne voulons pas te déranger. Nous avons l'intention de repartir demain matin.
MME DESCHAMPS Vous n'êtes pas pressés. Asseyez-vous et reposez-vous. Voulez-vous prendre quelque chose ?
ROGER Nous prendrons de la bière si tu en as.... Mais où sont tes fils ?

MME DESCHAMPS Oh ! tu ne sais pas ? Ils sont partis tous les deux travailler dans une usine à Reims. *(Elle soupire.)* Les enfants ne veulent plus rester à la ferme...

ROGER Je vois des champignons au bord de la route. Il doit y en avoir beaucoup dans le bois. Si nous en rapportions quelques-uns à la maison ?
JEAN Pourquoi pas ? Est-ce que ceux-là sont bons ?
ROGER Ramasse seulement ceux-ci. Tu vois, le dessus est brun et le dessous est jaune. On ne peut pas se tromper.
JEAN Oh ! J'en vois beaucoup au pied de cet arbre.
ROGER Fais attention ! N'oublie pas que les mauvais champignons ressemblent beaucoup aux bons.
JEAN Pouquoi ne m'as-tu pas dit ça plus tôt ?
ROGER J'ai eu tort de ne pas te prévenir. En tout cas, il vaut mieux laisser ceux dont tu n'es pas sûr....

B. Écoutez et répétez

Écoutez le dialogue encore une fois et répétez chaque phrase après l'avoir entendue.

C. Substitutions

Visite chez une cousine

Changez les phrases suivantes en substituant les mots indiqués.

1. Nous avons décidé de profiter du beau temps pour venir te voir.
2. Nous avons l'intention de repartir demain matin.

Les enfants, Roger?

3. Ah, tu sais, les enfants ne veulent plus rester à la ferme.
4. Tu as vu les champignons au bord de la route?

Eh oui! Jean voulait ramasser de mauvais champignons.

5. J'ai eu tort de ne pas le prévenir.

D. Questions-réponses

Il doit y avoir

*Votre camarade de chambre essaie de mettre la table mais il ne trouve rien. Alors il vous demande si ces choses sont dans la maison. Répondez qu'**il doit y** en **avoir** et dites où ces choses se trouvent d'après les éléments donnés. Puis répétez la réponse correcte après l'avoir entendue.*

EXEMPLE Il y a du beurre dans cette maison? (dans le frigo)
Vous dites: *Oui, il doit y avoir du beurre dans le frigo.*

1. (dans le frigo aussi)
2. (sur la table)
3. (dans le buffet)
4. (dans la cave)
5. (dans le tiroir)
6. (dans le placard)
7. (dans le placard aussi)

Dedans, dessus, dessous

*Parce qu'il va y avoir une boum chez vous, votre camarade de chambre vous demande si vous avez bien tout mis à sa place. Répondez **affirmativement** en employant un adverbe de lieu **dedans, dessus** ou **dessous** pour confirmer où ces affaires se trouvent. Puis répétez la réponse correcte après l'avoir entendue.*

EXEMPLE Tu as mis ton imperméable dans l'armoire? (dedans)
Vous répondez: *Oui, je l'ai mis dedans.*

E. Transformation

***Si nous...* + l'imparfait**

Suggérez à vos amis de faire les choses suivantes cet après-midi. Pour cela, employez l'expression ***Si nous... + l'imparfait*** *et les expressions verbiales données. Puis répétez la réponse correcte après l'avoir entendue.*

EXEMPLE aller en ville
Vous suggérez: *Si nous allions en ville?*

F. Travail écrit

Vous voulez mieux connaître la famille d'un ami. Pour cela, vous lui posez des questions. Écrivez les questions qu'on vous demande de lui poser en employant la forme ***tu.***

1. ______________________
2. ______________________
3. ______________________
4. ______________________
5. ______________________
6. ______________________

G. Dictée

Écoutez d'abord le paragraphe suivante, puis écrivez ce que vous entendez.

____

Fontainebleau ______________________

____

______________________ **se**

décourager *(to get discouraged).* ______________________

____

____

____

____

Maintenant écoutez le paragraphe à nouveau et vérifiez votre travail.

NOM ______________________ CLASSE ______________ DATE ______________

GRAMMAR UNIT 23

Irregular verbs in -re

A. Substitutions

Les verbes *connaître, lire, croire*

Changez les phrases suivantes en substituant les mots indiqués.

1. Connaissez-vous le journaliste Pierre Labarre?
2. Mais oui, je le connais. Je lis tous ses articles.
3. Mais je ne crois pas tout ce qu'il dit.

B. Poser des questions

Vous voulez savoir si vos camarades de classe aiment la littérature. Posez les questions qu'on vous demande de leur poser en employant la forme **vous***. Puis répétez la réponse correcte après l'avoir entendue.*

C. Substitutions

Changez les phrases suivantes en substituant les mots indiqués.

1. Je suis toujours les conseils de mes parents.
2. Par exemple, je fais toujours attention en classe.
3. Et je prends beaucoup de notes en classe.
4. Je ne me plains jamais de mes devoirs aux professeurs.
5. Je me mets à étudier tout de suite après le dîner.
6. Et j'écris une lettre à mes parents chaque semaine!

D. Transformation

*Vous êtes maintenant moins rebelle qu'autrefois et quand vous parlez à votre oncle de votre changement d'attitude, il vous dit que, lui aussi, à votre âge, il était sage. Jouez le rôle de votre oncle en mettant les phrases que vous entendrez à l'**imparfait**. Puis répétez la réponse correcte après l'avoir entendue.*

EXEMPLE Maintenant je suis toujours les conseils de mes parents.
Vous dites: *Moi aussi, à ton âge, je suivais toujours les conseils de mes parents.*

E. Travail écrit

*Votre meilleur ami de lycée a beaucoup changé. Quand il avait 16 ans, il était sage et assez innocent, tout le contraire de maintenant. Dites que tout ce qu'il fait maintenant, il ne le faisait pas alors et vice versa. Pour ça, mettez les phrases que vous entendez à l'**imparfait** et au **négatif** ou à l'**affirmatif** selon le cas.*

EXEMPLE Maintenant, il ne fait jamais ses devoirs. Mais quand il avait 16 ans, il *faisait toujours ses devoirs.*

1. Mais quand il avait 16 ans, il ____________________
____________________.

2. Mais quand il avait 16 ans, il ____________________
____________________.

3. Mais quand il avait 16 ans, il ____________________
____________________.

4. Mais quand il avait 16 ans, il ____________________
____________________.

5. Mais quand il avait 16 ans, il ____________________
____________________.

NOM ______________________ CLASSE ______________ DATE ______________

F. Transformation

Les verbes *commencer à* et *se mettre à*

Votre sœur raconte l'excellente journée que vous avez passée hier avec elle. Comme vous êtes d'accord avec ce qu'elle dit, répétez ses phrases mais changez le verbe **commencer à** *par le verbe* **se mettre à**. *Puis répétez la réponse correcte après l'avoir entendue.*

EXEMPLE Nous avons commencé à travailler à 8 heures.
Vous dites: *C'est vrai, nous nous sommes mis à travailler à 8 heures.*

Le verbe *faire + un infinitif*

Dites que les activités que Marie a faites le week-end dernier, Jean, lui, les a fait faire. Puis répétez la réponse correcte après l'avoir entendue.

EXEMPLE Le week-end dernier, Marie a construit une maison.
Vous dites: *Jean, lui, a fait construire une maison.*

G. Questions-réponses

Vous venez d'arriver à l'université et vous faites la connaissance de votre nouveau ou nouvelle camarade de chambre. Répondez **affirmativement** *aux questions qu'il ou elle vous pose. Puis répétez la réponse correcte après l'avoir entendue.*

EXEMPLE Est-ce que tu bois du café le matin?
Vous répondez: *Mais oui, je bois du café le matin.*

H. Travail écrit

Vous rencontrez sur le campus une personne que vous voulez mieux connaître. Posez-lui par écrit les questions qu'on vous demande de poser sur ses études. Employez la forme **tu**.

1. ____
2. ____
3. ____
4. ____
5. ____

Maintenant elle vous pose des questions sur vos passe-temps et vos violons d'Ingres (hobbies). Toujours par écrit, répondez-y par des phrases complètes.

1. ______________________________
2. ______________________________
3. ______________________________
4. ______________________________
5. ______________________________
6. ______________________________

NOM ______________________________ CLASSE ____________ DATE ________________

CONVERSATION 31

À l'église✦ du village

A. Dialogue

Écoutez le dialogue

ROGER Bonjour, monsieur le curé. Nous nous excusons de vous déranger.
LE CURÉ Entrez donc. Vous ne me dérangez pas du tout. Je viens de tailler mes rosiers, et je suis à votre disposition.
JEAN Vous avez vraiment là un très beau jardin.
LE CURÉ Merci. J'essaie d'y faire pousser une variété de fleurs.
JEAN Vous avez l'air de savoir ce que vous faites... Que de fleurs ! Alors, mon Père, est-ce que nous pourrions visiter l'église, s'il vous plaît ?
LE CURÉ Certainement. Je crains* pourtant que vous ne soyez un peu déçus. Bien qu'elle soit classée « monument historique », il n'y a qu'une partie de l'édifice actuel qui date de l'époque romane.
JEAN J'ai surtout entendu parler des vitraux. On dit qu'ils sont très vieux.

LE CURÉ Je ne crois pas qu'il y en ait plus de deux ou trois vraiment anciens. La plupart d'entre eux† sont relativement modernes.
ROGER Pouvons-nous entrer dans l'église par cette porte ?
LE CURÉ Oui, mais il faut que j'aille au presbytère chercher la clef. *(Il s'en va et revient avec la clef.)* Entrez donc, s'il vous plaît.
JEAN L'intérieur est vraiment sombre !
ROGER Oui, mais patience ! Nos yeux s'habitueront vite à l'obscurité. Et ça vaut la peine pour pouvoir regarder ces beaux vitraux.

B. Écoutez et répétez

Écoutez le dialogue encore une fois et répétez chaque phrase après l'avoir entendue.

C. Substitutions

Visite à l'église du village

Changez les phrases suivantes en substituant les mots indiqués.

1. Pardon, monsieur le curé. Nous nous excusons <u>de vous déranger</u>.
2. Ça ne fait rien. Je viens de <u>tailler mes rosiers</u>.
3. On dit qu'ils sont <u>très vieux</u>.

D. Questions-réponses

Entre eux - entre elles

Vous êtes le guide dans une vieille église. Répondez aux questions des visiteurs en employant un ***pronom disjoint****. Puis répétez la réponse correcte après l'avoir entendue.*

EXEMPLE Est-ce que la plupart des vitraux sont modernes?
Vous répondez: *Mais oui, madame! La plupart d'***entre eux*** sont modernes.*

E. Transformation

Je crains que... ne

Une de vos camarades s'inquiète pour son frère pendant ses premiers jours à l'université. Elle exprime son inquiétude devant vous et comme vous êtes d'accord avec elle, vous répétez ce qu'elle vient de dire mais vous employez le verbe ***craindre*** *à la place de l'expression verbiale* ***avoir peur****. Puis répétez la réponse correcte après l'avoir entendue.*

EXEMPLE J'ai peur qu'il ne soit un peu déçu.
Vous dites: *Moi aussi, je crains qu'il ne soit un peu décu.*

***Bien qu'il* + le subjonctif...**

Maintenant la même camarade s'inquiète toujours pour son frère pendant ses premiers jours à l'université. Comme elle exprime son inquiétude devant vous et vous la rassurez qu'il réussira dans ses études. Puis répétez la réponse correcte après l'avoir entendue.

EXEMPLE J'ai peur qu'il soit un peu déçu.
Vous dites: *Ne t'inquiète pas. Bien qu'il soit un peu déçu, il réussira dans ses études.*

F. Travail écrit

Imaginez que vous parlez à une personne qui a l'air de s'intéresser aux plantes et aux fleurs. Écrivez les questions qu'on vous demande de lui poser en employant la forme **tu**.

1. ____
2. ____
3. ____
4. ____
5. ____

G. Dictée

Écoutez d'abord le paragraphe suivant, puis écrivez ce que vous entendez.

____

____

______________________ **Deschamps,** ______________________

____

____

____

____

Maintenant écoutez le paragraphe à nouveau et vérifiez votre travail.

GRAMMAR UNIT 24

The subjunctive

A. Substitutions

Changez les phrases suivantes en substituant les mots indiqués.

Un week-end chez notre grand-père

1. Il faut que nous y arrivions avant midi.
2. Il veut que nous prenions un taxi à la gare.
3. Je doute qu'il soit de bonne humeur.
4. Mais écoute! Il sera content que nous soyons venus le voir.
5. Je t'assure! Bien qu'il n'en dise rien, il sera content de notre visite.

Des conseils de frères

Vos frères commencent leurs études à la fac. Vous leur donnez les conseils suivants.

1. Il faut que vous vous leviez de bonne heure.
2. Il vaut mieux que vous arriviez en classe à l'heure.
3. Papa et maman voudraient que vous travailliez plus.

B. Transformation

***Il faut que* suivi du subjonctif**

Vos parents sortent ce soir et donnent des conseils à vos petits frères et sœurs. Comme vous êtes responsable d'eux, insistez sur leurs conseils en les répétant, mais en commençant vos phrases par ***il faut que*** *suivi* ***du subjonctif*** *et en employant la forme* ***nous****. Puis répétez la réponse correcte après l'avoir entendue.*

EXEMPLE Couchez-vous de bonne heure, les petits!
Vous dites: *Vous entendez? Il faut que vous vous couchiez de bonne heure!*

Il vaut mieux que suivi **du subjonctif**

*Votre cousin Philippe dit à votre sœur ce qu'il fait pour réussir dans le cours de français. Comme vous êtes d'accord avec lui, insistez sur ce qu'il dit en répétant ses phrases mais en les commençant par **il vaut mieux que** suivi **du subjonctif**. Puis répétez la réponse correcte après l'avoir entendue.*

EXEMPLE Je fais toujours tous les devoirs.
Vous dites: *C'est ca! il vaut mieux que tu fasses toujours tous les devoirs!*

C. Posez des questions

*Vous êtes avec un groupe d'amis qui ont des difficultés à décider ce qu'ils veulent faire cet après-midi. Demandez-leur s'ils veulent faire les choses suivantes. Posez-leur les questions qu'on vous demande de leur poser en employant la forme **nous**. Puis répétez la réponse correcte après l'avoir entendue.*

EXEMPLE Demandez à vos amis s'ils veulent regarder un film à la télé.
Vous demandez: *Est-ce que vous voulez que nous regardions un film à la télé?*

D. Travail écrit

Les expressions de regrets

*La semaine dernière a été catastrophique pour un ami à vous et comme il est très déprimé, dites-lui (par écrit) que vous regrettez sa situation en commençant vos phrases avec des expressions de regret tel que **il est dommage que, je regrette que, je suis désolé(e)** ou **c'est malheureux que** suivies **du subjonctif**.*

EXEMPLE J'ai mal à la tête.
Vous écrivez: *Je regrette que tu aies mal à la tête.*

1. ______________________________
2. ______________________________
3. ______________________________
4. ______________________________
5. ______________________________
6. ______________________________

NOM ______________________________ CLASSE ____________ DATE ______________

Les expressions de doute

Vous êtes pessimiste aujourd'hui. Doutez de ce que votre amie vous dit en écrivant ce qu'elle dit, mais en commençant vos phrases par des ***expressions de doute*** *tel que* ***Je ne crois pas que, je doute que, je ne pense pas que*** *suivies* ***du subjonctif****.*

EXEMPLE Il fait beau.
Vous écrivez: *Moi, je ne crois pas qu'il fasse beau.*

1. ______________________________
2. ______________________________
3. ______________________________
4. ______________________________
5. ______________________________
6. ______________________________

CONVERSATION 32

La Fin des vacances

A. Dialogue

Écoutez le dialogue

ROGER Si nous allions à la pêche demain matin ? Je connais un endroit génial sous le vieux pont de l'autre côté de la rivière. Ça te tente ?

JEAN *(hésitant)* Tu sais, je ne prends jamais rien.
ROGER Qu'est-ce que ça fait ? Moi, je vais à la pêche parce que j'aime être au bord de l'eau et respirer l'air pur.

JEAN *(pas convaincu)* Oui, mais, dis donc, à quelle heure est-ce que tu as l'intention de partir ?
ROGER Je compte partir de bonne heure. Il faudrait que nous nous levions à quatre heures du matin.
JEAN Oh, non ! Et moi qui pensais faire la grasse matinée une dernière fois ! *(Il soupire, résigné.)*

Deux jours après, à la Gare du Nord.
MARIE Bonjour, Jean ! Bonjour, Roger !
ROGER Tiens, salut, Marie ! Alors tu as reçu mon télégramme ? Quelle chance !
MARIE Oui, mais c'était de justesse ! Je l'ai reçu il y a à peu près une heure. Mais tu aurais dû me dire l'heure exacte de ton arrivée !
ROGER Désolé, mais nous ne la savions pas nous-mêmes. Nous n'étions pas sûrs d'attraper le train de sept heures et demie.
MARIE Dis donc, Jean. Ta concierge m'a téléphoné pour me dire qu'un télégramme est arrivé pour toi ce matin.
JEAN Tant mieux ! Ça doit être de mon amie Hélène Frazer.
ROGER Ah oui ? Qui est-ce ?
JEAN C'est une amie d'enfance à moi. Comme elle vient passer quelques jours à Paris, je lui ai proposé d'être son guide.

B. Écoutez et répétez

Écoutez le dialogue encore une fois et répétez chaque phrase après l'avoir entendue.

C. Substitutions

Changez les phrases suivantes en substituant les mots indiqués.

Allons à la pêche

1. Si nous allions à la pêche demain matin!
2. Je compte partir de bonne heure.
3. Tu sais, il faudra que nous nous levions à quatre heures du matin.
4. Ah, non! Je pensais faire la grasse matinée demain matin!

À la gare

1. Écoute, Roger. Tu aurais dû me dire l'heure exacte de ton arrivée.
2. Désolé, Marie, mais nous ne la savions pas nous-mêmes.

Et ton amie Hélène Frazer? Est-ce qu'elle va venir te voir?

3. Oui. Je lui ai proposé d'être son guide à Paris.

D. Poser des questions

Comme vous voulez aller à la pêche avec un ami, vous lui parlez de son expérience. Posez-lui les questions qu'on vous demande de lui poser, puis répétez la réponse correcte après l'avoir entendue.

E. Transformation

***J'aurais dû* + l'infinitif**

Vous êtes parti(e) en vacances sans en parler à vos amis. Quand vous revenez, ils vous reprochent de ne pas leur avoir dit ce que vous alliez faire. Vous dites alors que vous êtes désolé(e) et que vous auriez dû leur parler de vous projets.

EXEMPLE Tu ne nous as pas dit que tu partais en vacances!
Vous dites: *Désolé(e). J'aurais dû vous dire que je partais en vacances.*

Révision du pronom *y*

F. Questions-réponses

Parlons de votre journée d'hier. Répondez ***affirmativement*** *aux questions que vous entendez en employant le pronom* ***y*** *dans vos réponses. Puis répétez la réponse correcte après l'avoir entendue.*

EXEMPLE Est-ce que tu es allé en ville hier?
Vous répondez: *Eh oui, j'y suis allé(e).*

G. Travail écrit

Parlez du week-end prochain. Répondez ***affirmativement*** *et par écrit aux questions que vous entendez. Employez le pronom* ***y*** *dans vos réponses.*

EXEMPLE Est-ce que tu feras des courses en ville ce week-end?
Vous écrivez: *Oui, j'y ferai des courses ce week-end.*

1. ______________________________
2. ______________________________
3. ______________________________
4. ______________________________
5. ______________________________

Le subjonctif

Les personnes suivantes ont des obligations. Écrivez des phrases avec les éléments que vous entendez et commencez ces phrases avec ***il faut que + le subjonctif****.*

EXEMPLE rendre visite à ta grand-mère (tu)
Vous écrivez: *Il faut que tu rendes visite à ta grand-mère ce week-end.*

1. Il faut que ______________________________
2. Il faut que ______________________________
3. Il faut que ______________________________
4. Il faut que ______________________________
5. Il faut que ______________________________

H. Dictée

Écoutez d'abord le paragraphe suivant, puis écrivez ce que vous entendez.

Maintenant écoutez le paragraphe à nouveau et vérifiez votre travail.

NOM ______________________________ CLASSE ____________ DATE ______________

GRAMMAR UNIT 25

Irregular verbs in -oir

A. Substitutions

Conseils d'une amie

Changez les phrases suivantes en substituant les mots indiqués.

1. Je vois que tu n'es pas en bonne forme.
2. Tu as l'air fatigué. Tu devrais te reposer un peu plus.
3. Mais va te promener aussi! Il faut profiter du beau temps!

B. Questions-réponses

Les verbes en *-oir*

*Une amie voudrait sortir avec vous ce soir. Comme cela vous ferait plaisir, répondez affirmativement à chacune de ses questions en respectant le temps ou mode des verbes employés et en employant un **pronom complément** si possible. Puis répétez la réponse correcte après l'avoir entendue.*

EXEMPLE Est-ce que tu voudrais aller au cinéma ce week-end?
Vous répondez: *Bien sûr, je voudrais y aller!*

C. Transformation

Le présent de *devoir* pour exprimer la probabilité

*Presque tous vos copains sont partis en vacances. Votre sœur imagine ce que chacun d'eux fait sans doute et comme vous êtes d'accord avec ce qu'elle dit, répétez ses phrases en les commençant avec le verbe **devoir** (au présent) + **sûrement**. Puis répétez la réponse correcte après l'avoir entendue.*

EXEMPLE Christine prend sans doute des bains de soleil.
Vous dites: *Oui, elle doit sûrement prendre beaucoup de bains de soleil!*

Le passé composé de *devoir* pour exprimer la probabilité au passé

Vous pensez à haute voix. Vous vous répétez mais en remplaçant ***le verbe*** *des phrases que vous entendez +* ***sans doute*** *par le verbe* ***devoir*** *(au* ***passé composé****). Puis répétez la réponse correcte après l'avoir entendue.*

EXEMPLE J'ai sans doute laissé mon livre en classe.
Vous dites: *C'est ça! J'ai dû laisser mon livre en classe.*

Le conditionnel de *devoir* pour suggérer

Les personnes suivantes ont toutes beaucoup de choses à faire, mais ce sont plus des choses recommandées qu'obligatoires. Remplacez l'expression ***il faut que + le subjonctif*** *(qui exprime une obligation) par le verbe* ***devoir*** *au* ***conditionnel*** *pour exprimer que ce ne sont que des suggestions. Puis répétez la réponse correcte après l'avoir entendue.*

EXEMPLE Il faut que vous écrivez à votre grand-mère.
Vous dites: *Vous devriez écrire à votre grand-mère.*

D. Poser des questions

Vous parlez à un copain. Posez-lui les questions qu'on vous demande de lui poser. Puis répétez la réponse correcte après l'avoir entendue.

E. Travail écrit

Récapitulations des verbes en *-oir*

Répondez par écrit et par des phrases complètes aux questions que vous entendez. Attention au ***temps*** *et* ***mode*** *des verbes!*

1. ______________________________
2. ______________________________
3. ______________________________
4. ______________________________
5. ______________________________
6. ______________________________

Maintenant toujours par écrit, posez les questions qu'on vous demande de poser. Imaginez que vous parlez à plusieurs copains, alors employez la forme **vous**.

1. ____
2. ____
3. ____
4. ____
5. ____
6. ____

NOM ______________________________ CLASSE ______________ DATE ________________

GRAMMAR UNIT 26

Use of infinitives and present participles

VERBES SUIVIS D'UN INFINITIF

A. Substitutions

Les courses

Changez les phrases suivantes en substituant les mots indiqués.

1. J'ai besoin de faire des courses ce soir.
2. Jean aussi, il a envie de faire des courses en ville.
3. Mais Marie, elle n'aime pas faire les courses.
4. Elle préfère jouer aux cartes.
5. Et voilà. Quand Jean et moi, nous étions sur le point de partir, elle a commencé à jouer aux cartes.

B. Transformations

Changez les phrases suivantes en substituant les mots indiqués et en choisissant la préposition correcte qui suit chaque verbe. Puis répétez la réponse correcte après l'avoir entendue.

1. Mon père m'a demandé de suivre des cours de science.

EXEMPLE m'a encouragé
Vous dites: *Mon pere m'a encouragé à suivre des cours de science.*

2. Mais moi, j'ai décidé de suivre des cours de français.
3. Et je ne regrette pas de suivre des cours de français!

C. Poser des questions

Sentiments et projets

*Vous parlez à un camarade de votre classe de français. En employant la forme **tu**, posez-lui les questions qu'on vous demande de lui poser. Puis répétez la réponse correcte après l'avoir entendue.*

D. Travail écrit

Répondez par écrit et par des phrases complètes aux questions que vous entendez.

Le passé de l'infinitif

E. Transformations

*Vous avez récemment visité Paris avec une amie à vous. Votre amie raconte certains événements de votre visite à des copains et vous répétez ce qu'elle dit en employant **après + le passé de l'infinitif**. Puis répétez la réponse correcte après l'avoir entendue.*

EXEMPLE Nous avons visité New York, puis nous avons pris l'avion pour Paris.
Vous dites: *C'est ça. Après avoir visité New York, nous avons pris l'avion pour Paris.*

Le participe présent

F. Transformations

*Vous projetez d'aller avec un groupe d'amis à Paris. Certains proposent d'aller voir certains endroits. Dites que vous êtes d'accord en répétant les phrases que vous entendez mais en employant **en + le participe présent**. Puis répétez la réponse correcte après l'avoir entendue.*

EXEMPLE Nous irons au Quartier Latin, et en chemin, nous pourrons voir le Panthéon.
Vous dites: *Bonne idée! En allant au Quartier Latin, nous pourrons voir le Panthéon.*

NOM ____________________ CLASSE ____________ DATE ____________

G. Travail écrit

Répondez par écrit et avec des phrases complètes aux questions que vous entendez.

1. ____________________
2. ____________________
3. ____________________
4. ____________________
5. ____________________
6. ____________________